cuisine à la vapeur

cuisine à la vapeur

Stéphan Lagorce

Photographies, Rina Nurra
Stylisme, Lissa Streeter

Avec la collaboration de Gaz de France

HACHETTE
Pratique

sommaire

10 Entrées
24 Viandes
52 Légumes et accompagnements
72 Poissons
102 Desserts
112 Je veux la technique !
118 À garder sous le coude

je veux la recette !

1 courgette jaune / Elles doivent rester très légèrement fermes / on adore ajouter quelques tranches de mozzarella *di bufala* / CUISSON / Déposez une feuille de papier sulfurisé dans le cuit-vapeur / Variante / 1 cuil. à café rase de purée de piment / Filets de poulet sauce gingembre / LE TRUC DE STÉPHAN / Pour la sauce / Cuite ainsi, la chair du bar prend une succulente saveur iodée / Proposez un verre de brouilly / On adore faire moit'-moit' curry & colombo / Le verre de vin qui va bien / Accompagnez cette recette de semoule nature / Voici une recette vraiment piquante pour les amateurs de sensations fortes... / 3 CUIL. À SOUPE DE SAUCE SOJA / Le tuyau de Laurence / Spaghetti squash à l'huile d'olive et au cumin / Vous pouvez cuire le riz dans des feuilles de bananier et le servir dedans, en laissant la surprise aux convives / La botte secrète d'Aude et Leslie / 500 G DE BEAUX *SHIITAKÉS* FRAIS / Beurrez 4 feuilles de papier d'aluminium, posez 1 filet dédoublé sur chacune / Boulettes de riz gluant aux fruits confits / Les ingrédients pour 4 personnes

Courgettes vapeur, vinaigrette miel-ciboulette et gros sel

PRÉPARATION 20 MIN | **CUISSON** 6 À 10 MIN | **COÛT** ★ | **DIFFICULTÉ** ★

1 Rincez et essuyez les courgettes. Coupez les extrémités puis, avec un couteau à lame assez longue, détaillez-les en tranches fines, dans le sens de la longueur. Disposez les lamelles de courgettes dans le cuit-vapeur en les étalant bien et comptez 6 à 10 min de cuisson, selon les courgettes et la finesse des tranches. Elles doivent rester très légèrement fermes.

2 Pendant ce temps, préparez la vinaigrette. Pelez et hachez l'ail. Mettez l'ail haché dans une petite poêle avec 2 cuil. à soupe d'huile d'olive. Faites cuire à feu moyen pour colorer légèrement puis sortez du feu aussitôt. Laissez refroidir.

3 Dans un bol, mélangez l'ail cuit, le reste d'huile, le jus des citrons verts, le miel, la ciboulette hachée et un peu de poivre. Fouettez bien. Dans un saladier, assemblez les courgettes cuites et toute la vinaigrette. Mélangez délicatement. Répartissez dans les assiettes de service et saupoudrez de gros sel. Servez sans attendre.

Les ingrédients pour 2 personnes

1 courgette jaune
1 courgette verte
1 courgette ronde

Pour la vinaigrette

1 gousse d'ail
8 cuil. à soupe d'huile d'olive
2 citrons verts
1 cuil. à café de miel
1 botte de ciboulette
gros sel
poivre

la botte secrète d'aude et leslie

Pour en faire un plat unique, on adore ajouter quelques tranches de mozzarella *di bufala* et de bresaola. Mmm !

le verre de vin qui va bien

Proposez un verre de vin gris bien frais.

Aubergines tigrées au citron vert, fenouil et pamplemousse

PRÉPARATION 30 MIN | **CUISSON** 15 À 20 MIN | **COÛT** ★ | **DIFFICULTÉ** ★★

→ ON RECONNAÎT LES AUBERGINES TIGRÉES À LEUR PEAU VIOLETTE SUPERBEMENT MARBRÉE DE BLANC. ELLES SONT ENCORE ASSEZ RARES MAIS BIEN MEILLEURES QUE LES AUBERGINES « CLASSIQUES ». À DÉCOUVRIR... DANS UN CUIT-VAPEUR À DEUX ÉTAGES !

1 Épluchez les aubergines avec un couteau économe. Coupez les extrémités puis, avec un couteau à lame assez longue, détaillez-les en tranches fines, dans le sens de la longueur. Répartissez les lamelles d'aubergines dans les 2 étages du cuit-vapeur pour éviter de trop les entasser. Afin de faciliter leur cuisson, étalez-les bien et comptez 15 à 20 min de cuisson, selon la finesse des tranches. Elles doivent rester très légèrement fermes. Vérifiez en cours de cuisson.

2 Pendant ce temps, préparez la sauce. Écrasez soigneusement les graines de fenouil. Épluchez et hachez finement l'échalote. Prélevez le zeste du citron vert et du pamplemousse avec le couteau économe. Hachez-les finement.

3 Dans un saladier, assemblez le fenouil, l'échalote, les zestes, le jus des agrumes, l'huile d'olive et le cerfeuil grossièrement haché ; réservez-en quelques pluches pour servir. Ajoutez les tranches d'aubergines cuites (encore un peu fermes) et chaudes. Mélangez bien, salez, poivrez, servez dans des bols et décorez de cerfeuil.

Les ingrédients pour 4 personnes

3 à 4 aubergines tigrées, selon la taille

Pour la sauce

1 cuil. à café de graines de fenouil
1 échalote
1 citron vert
1 pamplemousse rose
8 cuil. à soupe d'huile d'olive
½ botte de cerfeuil
sel et poivre

Pour varier_ Pour une saveur plus douce, mettez le jus d'1 orange.

le tuyau de laurence

Ces aubergines se marient à merveille avec des crevettes roses cuites ou sautées à la poêle.

Champignons en persillade à la vapeur

PRÉPARATION 30 MIN I **CUISSON** 15 À 20 MIN I **COÛT** ★ I **DIFFICULTÉ** ★

→ POUR CETTE RECETTE, CHOISISSEZ DES GROS CHAMPIGNONS DE PARIS, BIEN BLANCS ET FRAIS. SI, EN LES ACHETANT, VOUS POUVEZ VOIR LEURS LAMELLES NOIRES, C'EST QU'ILS NE SONT PAS ASSEZ FRAIS.

1 Avec un petit couteau, séparez les chapeaux des pieds. Hachez les pieds puis mettez-les de côté. Épluchez les chapeaux en éliminant la fine peau qui les recouvre. Frottez-les avec le citron coupé en deux pour qu'ils ne noircissent pas. Mettez les chapeaux dans un plat.

2 Dans une poêle, avec un peu de beurre, faites cuire les échalotes hachées pendant 2 min puis ajoutez les pieds de champignons hachés. Couvrez et laissez cuire pendant 5 min. Laissez refroidir.

3 Ébouillantez quelques instants les gousses d'ail. Dans un mixeur électrique, réunissez le beurre, le persil, l'ail, la chapelure, la crème et les pieds de champignons hachés. Réduisez le tout en une pâte assez grossière. Salez, poivrez et mélangez, ajoutez quelques gouttes de jus de citron. Répartissez cette préparation dans les chapeaux des champignons avec une cuillère ou une poche à douille. Répartissez les champignons dans le cuit-vapeur et faites cuire 15 à 20 min environ. Vous pouvez aussi faire cuire les champignons dans la Cocotte-Minute®, équipée de son panier de cuisson, mais sans la mettre en pression. Servez très chaud.

Les ingrédients pour 4 personnes

16 beaux champignons de Paris
1 citron

Pour la garniture

2 échalotes
15 gousses d'ail dégermées
80 g de beurre
1 botte de persil plat haché
3 cuil. à soupe de chapelure
2 cuil. à soupe de crème fraîche
du beurre pour la poêle
sel et poivre noir

Pour varier_ Essayez cette recette en utilisant du basilic ou de l'estragon.

la botte secrète d'aude et leslie

Pour des bouchées encore plus gourmandes, enroulez chaque champignon dans 1 demi-tranche de lard ou de bacon.

le verre de vin qui va bien

Un verre d'anjou blanc.

Petits pâtés de crevettes et calamar à la vapeur

PRÉPARATION 25 MIN | **CONGÉLATION** 30 MIN | **CUISSON** 10 MIN | **COÛT** ★★★ | **DIFFICULTÉ** ★★★ |
MATÉRIEL SPÉCIFIQUE DU PAPIER SULFURISÉ

1 Épluchez et râpez finement le gingembre ou hachez-le. Épépinez le demi-piment, hachez-le finement. Faites tremper les champignons noirs quelques minutes dans de l'eau chaude, égouttez-les puis hachez-les.

2 Placez les crevettes et le calamar dans le congélateur pendant 30 min au moins puis, à l'aide d'un mixeur, hachez-les assez finement. Placez ce mélange dans un saladier et ajoutez le gingembre, le piment, la coriandre hachée, le blanc d'œuf, l'huile de sésame, les champignons, la Maïzena et du sel. Mélangez bien.

3 Déposez une feuille de papier sulfurisé dans le cuit-vapeur. Formez avec une cuillère à soupe des petits pâtés de la taille d'une grosse noix et posez-les sur le papier. Servez-vous des 2 ou 3 étages de votre cuit-vapeur, s'il en est équipé, pour éviter de trop les serrer les uns contre les autres.

4 Préparez la sauce en mélangeant les ingrédients qui la composent. Faites cuire les bouchées au cuit-vapeur pendant 10 min environ. Vous pouvez aussi les faire cuire dans la Cocotte-Minute®, équipée de son panier de cuisson, si les trous ne sont pas trop gros, mais sans la mettre en pression. Disposez dans des petites assiettes bien chaudes, nappez avec un peu de sauce et servez aussitôt.

Les ingrédients pour 8 à 10 personnes

1 noisette de gingembre frais
½ petit piment rouge
10 champignons noirs
300 g de queues de crevettes crues et décortiquées
300 g de blanc de calamar frais
1 botte de coriandre
1 blanc d'œuf
2 cuil. à soupe d'huile de sésame
1 cuil. à café rase de Maïzena
sel

Pour la sauce

½ petit piment rouge épépiné et haché
le jus de 2 citrons verts
4 cuil. à soupe d'huile d'olive
sel et poivre

le tuyau de laurence

Je suis dingue de cette recette dont Stéphan a le secret ; quand je la fais, je remplace le papier sulfurisé par de grandes feuilles de laitue ou de batavia... comme là-bas !

le verre de vin qui va bien

Un petit verre de brouilly.

Tofu vapeur à la coriandre

PRÉPARATION 25 MIN | **CUISSON** 15 MIN | **COÛT** ★ | **DIFFICULTÉ** ★★

→ ON CONSOMME TRÈS SOUVENT LE TOFU DE CETTE MANIÈRE DANS LA RÉGION DE CHONGCHING, DANS LE SUD DE LA CHINE. LA RECETTE EST ENFANTINE ET LE RÉSULTAT TRÈS AGRÉABLE. POUR LES AMATEURS DE TOFU, BIEN SÛR...

1 Déballez le tofu et posez-le sur le plan de travail (très délicatement, ce tofu se brise s'il est manipulé trop brusquement). Avec un couteau, découpez-le en tranches d'1 cm d'épaisseur puis en bâtonnets puis en carrés toujours d'1 cm d'épaisseur.

2 Déposez délicatement les dés de tofu dans une assiette creuse ou une coupe qui puisse tenir dans le panier du cuit-vapeur. Hachez finement le gingembre, saupoudrez-le sur le tofu puis parsemez de grains de poivre de Sichuan légèrement écrasés. Placez l'assiette ou la coupe dans le cuit-vapeur, couvrez (de film alimentaire ou d'une assiette) et faites cuire 15 min.

3 Préparez la sauce. Dans un bol, mélangez la sauce soja, le vinaigre, le poireau finement haché, le piment et la coriandre hachée.

4 Sortez l'assiette de tofu du cuit-vapeur, découvrez-la, penchez-la légèrement pour vider l'eau de condensation qui a pu s'y accumuler puis nappez de sauce et servez sans attendre. Ce plat se déguste à la cuillère, avec du riz blanc nature.

Les ingrédients pour 2 à 3 personnes

400 g de « silk tofu » (en épiceries asiatiques)
1 petit morceau de gingembre frais
quelques grains de poivre de Sichuan

Pour la sauce

8 cuil. à soupe de sauce soja
2 cuil. à soupe de vinaigre (chinois, si possible, ou de xérès)
1 petit morceau de blanc de poireau
1 cuil. à café rase de purée de piment
1 botte de coriandre

le tuyau de laurence

Si vous n'êtes pas dingue de cuisine épicée, zappez le piment mais ne vous privez pas de ce plat délicieux.

le verre de vin qui va bien

Accompagnez ce plat d'une bière chinoise bien fraîche.

Flan vapeur aux moules et aux crevettes

PRÉPARATION 25 MIN | **CUISSON** 20 MIN | **COÛT** ★★ | **DIFFICULTÉ** ★★

→ DÉCOUVREZ CETTE AUTRE RECETTE CHINOISE, PRÉPARÉE DANS LA RÉGION DE CANTON. ON DIT QUE LA GASTRONOMIE CHINOISE FAIT UN USAGE PARFAIT DE LA CUISSON À LA VAPEUR... EN VOICI UNE NOUVELLE PREUVE !

1 Faites cuire les moules dans une marmite quelques minutes puis décortiquez-les (gardez le jus de cuisson). Faites cuire les crevettes quelques secondes dans de l'eau bouillante salée. Réservez. Éliminez les tiges des épinards, lavez-les puis faites-les cuire pendant quelques secondes dans de l'eau bouillante salée. Hachez-les grossièrement. Hachez finement le gingembre.

2 Dans un saladier, battez les œufs avec du sel, du poivre et 20 cl de jus de cuisson des moules filtré avec une passoire fine. Ajoutez les moules, les crevettes, les épinards, l'huile de sésame et la ciboulette hachée.

3 Versez la préparation dans un plat ou une coupe qui puisse tenir dans le cuit-vapeur. Couvrez (de film alimentaire, d'aluminium) et faites cuire pendant 20 min environ. La cuisson est parfaite quand les œufs sont pris. Ce plat se sert à la cuillère et s'accompagne de riz ou de nouilles chinoises.

Les ingrédients pour 4 personnes

2 l de moules
150 g de queues de crevettes décortiquées
1 belle poignée d'épinards frais
1 petit morceau de gingembre frais
8 œufs bio extra-frais
2 cuil. à soupe d'huile de sésame
1 botte de ciboulette
sel et poivre

la botte secrète d'aude et leslie

Pour une version express, utilisez des crevettes et des moules surgelées déjà décortiquées. Vous pouvez aussi ajouter 2 belles pincées de curry en même temps que les œufs.

le verre de vin qui va bien

Servez ce flan salé avec un saint-véran blanc.

Salade de fenouil, figues au vinaigre de xérès, gingembre et serrano

PRÉPARATION 25 MIN I **CUISSON** 15 À 20 MIN I **COÛT** ★★ I **DIFFICULTÉ** ★★

→ POUR LE FENOUIL, RIEN NE VAUT LA CUISSON À LA VAPEUR : ELLE EN RESPECTE LA SAVEUR ET LA DÉLICATE TEXTURE...

1 Épluchez les bulbes de fenouil et coupez-les en gros quartiers. Dans le cuit-vapeur, faites cuire ces morceaux pendant 15 à 20 min environ. Vous pouvez aussi cuire le fenouil à la Cocotte-Minute® : en pression, 5 à 7 min suffisent. Ils doivent rester légèrement fermes. Laissez-les refroidir hors du cuit-vapeur. Épluchez les figues et coupez-les en quartiers.

2 Coupez les tranches de jambon sec en lanières d'1 cm d'épaisseur environ. Préparez la vinaigrette en fouettant ensemble le vinaigre, l'huile, le gingembre et la coriandre préalablement hachés.

3 Répartissez les quartiers de fenouil cuits et les figues dans les assiettes de service et déposez par dessus les lanières de jambon sec. Salez légèrement, poivrez et nappez avec la vinaigrette. Servez frais, en plat principal.

Les ingrédients pour 4 personnes

4 bulbes de fenouil, pas trop gros

4 figues

8 tranches de jambon Serrano

sel et poivre noir

Pour la vinaigrette

4 cuil. à soupe de vinaigre de xérès

8 cuil. à soupe d'huile d'olive

1 cuil. à café de gingembre frais

1 botte de coriandre fraîche

le verre de vin qui va bien

Avec ces fenouils parfumés, proposez une bouteille de bourgueil.

Filets de poulet sauce gingembre

PRÉPARATION 25 MIN | **CUISSON** 20 MIN | **COÛT** ★★ | **DIFFICULTÉ** ★★

→ UNE MANIÈRE TOUTE SIMPLE ET DÉLICIEUSE DE CUISINER LE POULET À LA VAPEUR... NE RÉALISEZ PAS CETTE RECETTE AVEC DES FILETS DE POULET « STANDARD », LA SAVEUR ET LA TEXTURE NE SERAIENT PAS AU RENDEZ-VOUS.

1 Placez les filets de poulet salés et poivrés dans le cuit-vapeur et comptez 20 min de cuisson. Vous pouvez aussi les faire cuire dans la Cocotte-Minute®, équipée de son panier de cuisson, mais sans la mettre en pression.

2 Pendant ce temps, préparez la sauce. Épluchez le gingembre et les oignons. Hachez-les. Lavez le blanc de poireau. Hachez aussi finement que possible, à la main ou avec un mixeur, le poireau avec les feuilles de coriandre.

3 Placez les aromates hachés dans un bol, ajoutez la sauce soja, le vinaigre, le piment, l'huile de sésame, le miel et 3 cl d'eau froide. Mélangez bien.

4 Sortez les filets de poulet du cuit-vapeur. Laissez-les refroidir un peu pour ne pas vous brûler puis découpez-les en tranches pas trop épaisses. Placez les tranches dans un plat et nappez-les avec la sauce. Servez aussitôt.

Les ingrédients pour 4 personnes

4 filets de poulet fermier sans peau
sel et poivre

Pour la sauce

1 petit morceau de gingembre frais
2 oignons nouveaux
1 petit morceau de blanc de poireau
1 botte de coriandre
10 cuil. à soupe de sauce soja
2 cuil. à soupe de vinaigre chinois (ou de xérès)
1 cuil. à café rase de purée de piment
2 cuil. à soupe d'huile de sésame
1 cuil. à soupe rase de miel

la botte secrète d'aude et leslie

Pensez à parsemer le tout de graines de sésame : une petite note croquante trop bonne.

le verre de vin qui va bien

Proposez un verre de brouilly.

Poulet indien à la vapeur

PRÉPARATION 25 MIN | **MARINADE** 1 H | **CUISSON** 25 MIN | **COÛT** ★ | **DIFFICULTÉ** ★

→ UNE AUTRE RECETTE VRAIMENT FACILE À FAIRE, À CONDITION D'AVOIR LES INGRÉDIENTS SOUS LA MAIN. SI CE N'EST PAS LE CAS, ADAPTEZ-VOUS ET CUSTOMISEZ-LA À VOLONTÉ. EN REVANCHE, NE TRANSIGEZ PAS SUR LA QUALITÉ DE LA VOLAILLE. VOUS POUVEZ AUSSI UTILISER LES CUISSES, MAIS VOUS DEVEZ ALORS LES DÉSOSSER ET RALLONGER LE TEMPS DE CUISSON D'UNE QUINZAINE DE MINUTES.

1 Coupez les filets de poulet en morceaux de la taille d'une noix, approximativement. Dans un saladier, assemblez la viande, le yaourt, l'ail et le gingembre hachés, le curry, le jus de citron, le jus d'orange, le sucre et la menthe hachée. Salez, poivrez, mélangez très soigneusement pour bien disperser tous les ingrédients et laissez mariner pendant 1 h au moins.

2 Versez la préparation dans deux assiettes creuses, recouvrez de film alimentaire et placez-les dans les deux paniers du cuit-vapeur. Comptez 25 min de cuisson. Au moment de servir, saupoudrez de coriandre hachée et d'un peu de curry. Pensez à accompagner ce plat de riz blanc nature et de chutney de mangue.

Les ingrédients pour 4 personnes

4 filets de poulet fermier sans peau
1 yaourt nature
2 gousses d'ail
1 cuil. à soupe de gingembre frais
1 bonne cuil. à soupe de curry
le jus d'1 citron
le jus d'½ orange
1 cuil. à soupe de sucre
10 feuilles de menthe
coriandre fraîche
sel et poivre

la botte secrète d'aude et leslie

On adore faire moit'-moit' curry & colombo. On trouve du colombo en poudre au rayon épices des supermarchés.

le tuyau de laurence

Pour un effet visuel sympa et une petite note croquante, saupoudrez de pistaches concassées au moment de servir.

le verre de vin qui va bien

Proposez un saumur-champigny.

Cuisses de pintade farcies au *pesto* à la vapeur

PRÉPARATION 35 MIN | **CUISSON** 30 MIN | **COÛT** ★★ | **DIFFICULTÉ** ★★★ |

MATÉRIEL SPÉCIFIQUE DES PIQUES EN BOIS

1 Posez les cuisses de pintade sur le plan de travail, côté peau vers le bas puis salez-les et poivrez-les. Hachez finement les filets de pintade avec un mixeur électrique. Réservez.

2 Mixez finement les feuilles du basilic, les pignons, les gousses d'ail préalablement ébouillantées (1 min) et l'huile d'olive. Salez et poivrez.

3 Dans un saladier, mélangez le *pesto* avec les filets de pintade hachés. Salez et poivrez légèrement. Avec une cuillère à soupe, déposez de la farce sur les cuisses de pintade. Placez la farce dans la cuisse désossée, faites en sorte de bien l'envelopper pour qu'elle ne dépasse pas. Pour que la cuisse farcie se tienne bien pendant la cuisson, piquez-la de 2 ou 3 piques en bois qui la maintiendront.

4 Posez les cuisses farcies dans le panier du cuit-vapeur et comptez 30 min de cuisson. Vous pouvez aussi les faire cuire dans la Cocotte-Minute®, équipée de son panier de cuisson, mais sans la mettre en pression sinon la farce ne restera pas dans la viande. Servez chaud avec une salade, un trait d'huile d'olive et un ou deux tours de moulin à poivre.

Les ingrédients pour 4 personnes

4 cuisses de pintade, désossées par le boucher
2 filets de pintade sans peau
sel et poivre

Pour le pesto

2 bottes de basilic
100 g de pignons de pin
6 gousses d'ail
2 cuil. à soupe d'huile d'olive
sel et poivre

le tuyau de laurence

C'est un peu plus de boulot mais à essayer : enlevez la peau des cuisses avant de les farcir puis enveloppez-les, une fois farcies, dans de fines tranches de poitrine.

le verre de vin qui va bien

Soulignez cette délicate association avec un graves blanc à ne surtout pas servir froid mais juste chambré.

Pintade en habit vert à l'estragon

PRÉPARATION 25 MIN | **CUISSON** 20 MIN | **COÛT** ★★ | **DIFFICULTÉ** ★★ |

MATÉRIEL SPÉCIFIQUE DE LA FICELLE DE CUISINE OU DES PETITES PIQUES EN BOIS

→ UNE MANIÈRE TRÈS ÉLÉGANTE DE SERVIR LA PINTADE MAIS QUI DEMANDE UN PEU DE PRATIQUE. CELA DIT, LA RECETTE EST BIEN MOINS DIFFICILE QU'IL N'Y PARAÎT... LANCEZ-VOUS ! À FAIRE AU PRINTEMPS, AVEC DU CHOU VERT ET NON DU CHOU FRISÉ, PLUS FERME ET PLUS LONG À CUIRE.

1 Salez et poivrez les filets. Blanchissez les feuilles de chou en les plongeant dans une grande casserole d'eau bouillante. À l'aide d'un couteau, éliminez les grosses côtes. Lavez les champignons et coupez-les en tranches. Épluchez et hachez finement les oignons. Dans une poêle, versez un peu d'huile et cuisez, à feu doux, les champignons avec les oignons pendant 5 à 8 min.

2 Disposez les feuilles de chou blanchies sur le plan de travail. Posez les filets de pintade par-dessus puis les oignons et les champignons cuits. Enveloppez les filets complètement en refermant la feuille de chou. Maintenez la feuille bien fermée avec un tour de ficelle ou avec des petites piques en bois.

3 Dans le cuit-vapeur, disposez les asperges épluchées puis couchez par-dessus les filets de pintade. Comptez 20 min de cuisson, plus ou moins selon le calibre des asperges. Vous pouvez aussi les faire cuire dans la Cocotte-Minute®, équipée de son panier de cuisson, mais sans la mettre en pression.

4 Préparez la vinaigrette en fouettant l'huile d'olive, le jus de citron, l'estragon haché, du sel et du poivre. Servez les filets en habits verts avec les asperges, nappez avec un peu de vinaigrette et servez aussitôt.

Les ingrédients pour 4 personnes

4 filets de pintade
4 feuilles de chou vert
4 gros champignons de Paris
4 beaux oignons nouveaux
600 g d'asperges
huile d'olive pour la poêle
sel et poivre noir

Pour la vinaigrette

8 cuil. à soupe d'huile d'olive vierge
3 cuil. à soupe de jus de citron
1 botte d'estragon
sel et poivre

le verre de vin qui va bien

Avec cette recette légère et savoureuse, proposez un entre-deux-mers rouge.

Filets de pintade, *shiitakés*, champignons de Paris et ail

PRÉPARATION 35 MIN | **CUISSON** 20 MIN | **COÛT** ★★ | **DIFFICULTÉ** ★★ |

MATÉRIEL SPÉCIFIQUE DU PAPIER D'ALUMINIUM

→ SI VOUS NE TROUVEZ PAS DE *SHIITAKÉS*, VOUS POUVEZ LES REMPLACER PAR DES CHAMPIGNONS DE PARIS OU DES CHAMPIGNONS PARFUMÉS, TREMPÉS PUIS RAPIDEMENT ÉBOUILLANTÉS. LA PINTADE PEUT ÊTRE REMPLACÉE PAR DU POULET OU MÊME DU VEAU...

1 Découpez 4 rectangles d'aluminium de 20 x 15 cm. Beurrez légèrement ces feuilles puis salez-les et poivrez-les. Épluchez et dégermez les gousses d'ail, récupérez les feuilles du persil et du thym ; épépinez le piment si vous l'utilisez.

2 Hachez finement tous ces ingrédients puis, dans un bol, mélangez-les avec le beurre préalablement ramolli. Éliminez les queues de tous les champignons, épluchez les têtes puis émincez-les tous.

3 Déposez une couche de champignons sur les feuilles d'aluminium puis les filets de pintade par-dessus et enfin le reste de champignons. Répartissez le beurre parfumé sur les champignons puis fermez hermétiquement les feuilles d'aluminium pour que les jus qui se formeront pendant la cuisson ne puissent pas s'échapper.

4 Placez les papillotes dans le cuit-vapeur et comptez 20 min de cuisson, plus ou moins selon la taille des filets. Servez les papillotes entières et laissez les convives les ouvrir au dernier moment.

Les ingrédients pour 4 personnes

- 4 gousses d'ail
- 10 brins de persil
- 1 brin de thym (frais, si possible)
- ½ piment rouge (facultatif)
- 50 g de beurre
- 300 g de *shiitakés*
- 300 g de champignons de Paris
- 4 filets de pintade
- du beurre pour la cuisson
- sel et poivre

la botte secrète d'aude et leslie

Pour varier les plaisirs, troquez les *shiitakés* contre des tagliatelles de carottes (qu'on fait à l'aide d'un couteau économe, après avoir épluché ces légumes). Vous pouvez dans ce cas ajouter 1 belle pincée de cumin en poudre.

le verre de vin qui va bien

Proposez un bourgueil.

Lapin à l'orientale à la vapeur

PRÉPARATION 30 MIN | **MARINADE** 1 H | **CUISSON** 30 MIN | **COÛT** ★★★ | **DIFFICULTÉ** ★

→ POUR RÉUSSIR CETTE RECETTE, ACHETEZ DES RÂBLES DE LAPIN DÉSOSSÉS VENDUS SOUS LE NOM DE « FILETS » OU DEMANDEZ AU BOUCHER DE VOUS LES PRÉPARER. VOUS POUVEZ AUSSI PRENDRE DES CUISSES, LE TEMPS DE CUISSON EST JUSTE UN PEU PLUS LONG.

1 Coupez les filets en 6 morceaux chacun. Lavez la courgette et coupez-la en tranches assez fines. Épépinez les poivrons puis coupez-les en tranches fines. Écrasez les graines de coriandre. Dans un saladier, assemblez le lapin, les rondelles de courgette, les poivrons, les graines de coriandre, les jus d'agrumes, le miel, le cumin et les oignons hachés. Salez, poivrez et laissez mariner au moins 1 h.

2 Versez la préparation dans deux assiettes creuses, recouvrez-les de film alimentaire et placez-les dans les 2 paniers du cuit-vapeur. Comptez 30 min de cuisson. Au moment de servir, saupoudrez de coriandre hachée et de graines de sésame. Accompagnez cette recette de semoule nature (voir recette pp. 54-55).

Les ingrédients pour 4 personnes

8 filets de lapin
1 courgette
2 poivrons (1 jaune, 1 rouge)
quelques graines de coriandre
le jus de 2 oranges
le jus d'1 citron
2 cuil. à soupe de miel
1 cuil. à soupe de cumin
3 oignons nouveaux
½ botte de coriandre fraîche
1 cuil. à soupe de graines de sésame
sel et poivre

À savoir_ Vous pouvez aussi cuire cette recette dans des baluchons faits en papier d'aluminium.

le tuyau de laurence

Si vous aimez le sucré-salé, ajoutez quelques raisins secs blonds.

le verre de vin qui va bien

Proposez un *vinho verde* très frais.

Cuisses de lapin vapeur à la thaïlandaise

PRÉPARATION 25 MIN | **MARINADE** 1 H | **CUISSON** 35 MIN | **COÛT** ★★★ | **DIFFICULTÉ** ★

→ LA CHAIR DU LAPIN, TRÈS LÉGÈREMENT PARFUMÉE, SE PRÊTE AUX CUISSONS À LA VAPEUR ; MÊME SI LA TRADITION CULINAIRE NE SEMBLE PAS LE RECONNAÎTRE... MARINÉES À LA THAÏLANDAISE COMME ICI, LES CUISSES DE LAPIN DEVIENNENT UN METS RAFFINÉ !

1 Placez les cuisses de lapin salées et poivrées dans une assiette creuse et recouvrez-les avec le jus des agrumes ; ajoutez la citronnelle, le gingembre et les oignons rouges, le piment et la ciboulette, le tout haché. Versez le lait de coco et le sucre ; ajoutez enfin le poireau. Laissez mariner au moins 1 h.

2 Versez la préparation dans deux assiettes creuses, recouvrez de film alimentaire et placez-les dans les 2 paniers du cuit-vapeur. Comptez 35 min de cuisson. Vous pouvez aussi utiliser une Cocotte-Minute®, équipée de son panier de cuisson, mais sans la mettre en pression. Accompagnez cette recette de riz gluant nature (voir pp. 56-57).

Les ingrédients pour 2 personnes

2 belles cuisses de lapin
le jus d'1 pamplemousse rose
le jus d'1 citron vert
2 cuil. à soupe de citronnelle fraîche ou surgelée
1 cuil. à café de gingembre frais
1 cuil. à soupe d'oignons rouges hachés
1 petit piment rouge
1 botte de ciboulette
10 cl de lait de coco
1 cuil. à soupe de sucre
1 petit morceau de blanc de poireau coupé en bâtonnets
sel et poivre

le verre de vin qui va bien

Servez un blanc sec pas trop fruité avec cette originale recette de lapin.

Veau haché vapeur aux herbes et tomates confites

PRÉPARATION 25 MIN I **CUISSON** 12 MIN I **COÛT** ★ I **DIFFICULTÉ** ★★

1 Hachez les herbes, les tomates confites et les oignons nouveaux. Mélangez ces ingrédients avec les steaks de veau, l'origan, le thym et la Maïzena. Salez et poivrez. Formez à nouveau 4 steaks d'épaisseur à peu près régulière.

2 Émincez les courgettes en tranches d'1 cm d'épaisseur. Étalez-les dans le panier du cuit-vapeur, salez, poivrez et déposez les steaks de veau par-dessus. Comptez 12 min de cuisson environ. Vous pouvez aussi utiliser la Cocotte-Minute®, équipée de son panier de cuisson, mais sans la mettre en pression.

3 Pendant ce temps, préparez la sauce. Hachez les tomates, le basilic et l'ail. Mélangez ces ingrédients avec le vinaigre et l'huile d'olive. Salez et poivrez. Disposez les courgettes et les steaks dans les assiettes et nappez-les de sauce.

Les ingrédients pour 4 personnes

½ botte de ciboulette
½ botte de persil plat
½ botte de cerfeuil
100 g de tomates confites
2 oignons nouveaux
4 steaks de veau haché
1 pincée d'origan
1 petit brin de thym frais
1 cuil. à café de Maïzena
2 courgettes
sel et poivre

Pour la sauce

2 tomates
10 feuilles de basilic
1 petite gousse d'ail
1 cuil. à soupe de vinaigre de vin
6 cuil. à soupe d'huile d'olive
sel et poivre

la botte secrète d'aude et leslie

Pour une note toute croustillante, ajoutez, juste avant de servir, 1 poignée de pignons de pin poêlés à sec. *So delicious !*

le verre de vin qui va bien

Proposez un *monte velho*, excellent vin portugais.

Bouchées de poulet vapeur à la provençale

PRÉPARATION 35 MIN | **CUISSON** 15 À 20 MIN | **COÛT** ★★ | **DIFFICULTÉ** ★★

1 Avec un mixeur, réduisez les filets de poulet sans peau en une fine purée. Placez-la dans un saladier. Coupez le poivron et les aubergines assez finement (ou hachez-les aussi avec le mixeur, mais moins finement que le poulet). Hachez aussi le thym, la sauge, le romarin, les tomates et le basilic. Mélangez tous ces ingrédients avec les filets de poulet hachés, et ajoutez l'huile d'olive, la Maïzena, du sel et du poivre.

2 Formez des boulettes, avec les mains ou une cuillère mouillée, sans chercher trop de régularité. Placez-les au fur et à mesure dans le panier légèrement huilé du cuit-vapeur. Comptez un bon quart d'heure de cuisson. Si vous n'avez pas de cuit-vapeur, vous pouvez utiliser la Cocotte-Minute®, équipée de son panier de cuisson, mais sans la mettre en pression.

3 Pendant ce temps, préparez la sauce : mixez le jus de tomate chauffé à feu doux avec l'huile d'olive, le basilic, du sel et du poivre. Gardez au chaud sans laisser bouillir. Servez les bouchées bien chaudes, nappées de leur sauce, avec des poivrons et des aubergines grillées.

Les ingrédients pour 4 personnes

5 beaux filets de poulet Label Rouge ou bio, sans peau
1 poivron rouge
150 g d'aubergines grillées (faites maison ou surgelées)
1 brin de thym frais
2 feuilles de sauge
1 brin de romarin
4 tomates confites
1 botte de basilic
2 cuil. à soupe d'huile d'olive
1 cuil. à café de Maïzena
sel et poivre

Pour la sauce

20 cl de jus de tomate
3 cuil. à soupe d'huile d'olive
quelques feuilles de basilic
sel et poivre

le verre de vin qui va bien

Servez un rosé de Provence, bien sûr !

Pilons de poulet marinés, piment, rhum et citron vert à la vapeur

PRÉPARATION 25 MIN | **CUISSON** 25 MIN | **COÛT** ★ | **DIFFICULTÉ** ★ |

MATÉRIEL SPÉCIFIQUE DU PAPIER D'ALUMINIUM

→ VOICI UNE RECETTE VRAIMENT PIQUANTE POUR LES AMATEURS DE SENSATIONS FORTES...

1 Avec un couteau, incisez profondément plusieurs fois les pilons de poulet. Épépinez et hachez les piments. Ôtez la peau des citrons puis coupez-les en tranches fines. Lavez les oignons et coupez-les en deux dans le sens de la longueur.

2 Huilez légèrement 8 rectangles de papier d'aluminium. Étalez-les devant vous et posez les pilons de poulet dessus (2 par personne). Répartissez par-dessus les piments, les tranches de citrons et les demi-oignons. Salez, poivrez, saupoudrez chaque pilon de thym et de colombo. Arrosez chaque pilon avec un trait de rhum et refermez hermétiquement les feuilles de papier d'aluminium. Disposez les baluchons dans les 2 paniers du cuit-vapeur et comptez 25 min de cuisson. Vous pouvez aussi faire cuire les pilons dans la Cocotte-Minute®, équipée de son panier de cuisson, mais sans la mettre en pression Servez bien chaud.

Les ingrédients pour 4 personnes

8 pilons de poulet
2 piments rouges frais
3 citrons verts
8 oignons nouveaux avec leurs fanes
1 beau brin de thym frais
8 pincées de colombo
rhum
huile d'olive, pour la cuisson
sel et poivre

Encore mieux !_ Avant de faire cuire le poulet, faites-le mariner pendant 1 h avec les ingrédients de la recette.

la botte secrète d'aude et leslie

Pensez à ajouter des petites pommes de terre de Noirmoutier dans le panier de cuisson. Et hop, un plat et son accompagnement, un super deux-en-un !

le verre de vin qui va bien

Proposez un blanc léger ou un *vinho verde* portugais.

Roulés de poulet aux épinards et mozzarella

PRÉPARATION 35 MIN | **CUISSON** 20 MIN | **COÛT** ★ | **DIFFICULTÉ** ★★ |

MATÉRIEL SPÉCIFIQUE DU PAPIER D'ALUMINIUM

→ UNE RECETTE VAPEUR QUE LES ENFANTS AIMENT, EN GÉNÉRAL, BEAUCOUP...

1 Coupez les filets de poulet dans l'épaisseur pour en doubler approximativement la surface. Salez, poivrez et réservez. Épluchez les épinards (sauf les 4 feuilles), lavez-les et blanchissez-les tous. Réservez les 4 feuilles lavées et blanchies.

2 Beurrez 4 feuilles de papier d'aluminium, posez 1 filet dédoublé sur chacune. Placez les 4 feuilles d'épinards sur la volaille. Couchez 2 tranches de poitrine fumée sur chaque filet puis répartissez par-dessus les épinards cuits et bien essorés en les étalant en une couche aussi régulière que possible. Salez, poivrez et ajoutez un peu de noix de muscade et 2 feuilles de basilic.

3 Coupez la mozzarella en tronçons et placez-les au milieu de chaque filet, sur les épinards. Roulez chaque filet puis enveloppez-les bien serrés dans les feuilles de papier d'aluminium.

4 Faites cuire 20 min dans le cuit-vapeur. Laissez refroidir quelques minutes puis sortez les roulés de leur feuille d'aluminium. Servez chaud avec des épinards, 1 noix de beurre et un coulis de tomates.

Les ingrédients pour 4 personnes

4 filets de poulet sans peau issus de volailles Label Rouge
250 g d'épinards frais + 4 grandes feuilles
8 tranches de poitrine fumée
8 feuilles de basilic
120 g de mozzarella à cuire
beurre, pour la cuisson
noix de muscade
sel et poivre

le tuyau de laurence

La mozzarella à cuire est celle qui est vendue en barre. Utilisez la mozzarella en boule pour les recettes où elle est consommée crue.

le verre de vin qui va bien

Un anjou rouge.

Dinde au lait de coco et ananas

PRÉPARATION 10 MIN | **CUISSON** 25 MIN | **COÛT** ★ | **DIFFICULTÉ** ★

1 Découpez la dinde en fines lanières, salez et poivrez. Coupez l'ananas en petits morceaux et pressez le jus du demi-citron.

2 Dans un saladier, mélangez, avec les doigts ou une fourchette, la viande, l'ananas, le jus de citron vert, le lait de coco, les légumes, la Maïzena, du sel et du poivre.

3 Versez cette préparation dans une assiette creuse, recouvrez de film alimentaire et placez dans le cuit-vapeur. Compter 25 min de cuisson.

Les ingrédients pour 1 personne

180 g de filet de dinde
1 tranche d'ananas (frais ou en boîte)
½ citron vert
15 cl de lait de coco
100 g de petits pois ou de pois gourmands écossés, frais ou surgelés
2 pincées de Maïzena
sel et poivre

Pour varier_ Ajoutez un peu de curry, en pâte ou en poudre. Pour une saveur plus forte, ajoutez 1 piment haché.

la botte secrète d'aude et leslie

Pour une note rouge passion, ajoutez un quart de poivron rouge épépiné et coupé en très fines lamelles.

le tuyau de laurence

Un petit détail, si l'assiette ne rentre pas dans votre cuit-vapeur, utilisez un petit plat long !

le verre de vin qui va bien

Un petit verre de saint-nicolas-de-bourgueil.

Brocolis et filets de dinde au vinaigre balsamique

PRÉPARATION 25 MIN | **MARINADE** 1 H | **CUISSON** 15 MIN | **COÛT** ★★ | **DIFFICULTÉ** ★

→ VEILLEZ TOUJOURS À ACHETER DES BROCOLIS TRÈS FRAIS : FERMES, INODORES ET TRÈS VERTS. S'ILS MANQUENT DE FRAÎCHEUR, ILS PRENNENT UNE SAVEUR ASSEZ DÉSAGRÉABLE, SURTOUT CUITS À LA VAPEUR...

1 Détaillez le brocoli en bouquets plus petits. Épluchez les tiges. Faites-les cuire 5 min au cuit-vapeur.

2 Coupez la dinde en petits morceaux et placez-la dans un saladier. Mélangez-la avec l'ail, le gingembre et la ciboulette hachés, puis les oignons émincés, un peu d'huile d'olive, du sel et du poivre. Laissez mariner pendant 1 h.

3 Préparez la vinaigrette en fouettant ensemble les ingrédients qui la composent.

4 Placez la dinde marinée dans une assiette. Posez les brocolis par-dessus, couvrez de film alimentaire et faites cuire pendant 10 min dans le cuit-vapeur. Si l'assiette ne tient pas dans le cuit-vapeur, posez la viande marinée sur une feuille de papier d'aluminium, de taille adaptée. Placez la dinde cuite et les brocolis dans les assiettes de service, puis nappez avec la vinaigrette.

Les ingrédients pour 4 personnes

1 gros pied de brocoli
400 g de filets de dinde (ou escalopes)
3 gousses d'ail
1 cuil. à soupe de gingembre frais (facultatif)
1 botte de ciboulette
4 oignons nouveaux
huile d'olive
sel et poivre noir

Pour la vinaigrette

4 cuil. à soupe de vinaigre balsamique
10 cuil. à soupe d'huile d'olive
3 cuil. à soupe de sauce soja

Le conseil_ Pour cette recette, vous pouvez panacher brocoli et chou-fleur ou même utiliser le rare et délicieux chou-fleur violet...

le verre de vin qui va bien

Proposez un verre de bergerac.

S
P

Poulet vapeur « truffé » aux herbes

PRÉPARATION 10 MIN | **CUISSON** 1 H | **COÛT** ★★ | **DIFFICULTÉ** ★★ |

MATÉRIEL SPÉCIFIQUE DU PAPIER D'ALUMINIUM

→ VOICI UNE VARIANTE SAVOUREUSE ET AMUSANTE DU TROP CLASSIQUE POULET RÔTI. À PRÉPARER AVEC UNE VOLAILLE DE SUPERBE QUALITÉ : LABEL ROUGE OU, MIEUX ENCORE, BIO.

1 Hachez grossièrement toutes les herbes puis mélangez-les, dans un saladier, avec le zeste haché, le gingembre et l'huile d'olive.

2 Placez le poulet sur le plan de travail. Avec un couteau, incisez-le un peu partout et assez profondément sur les cuisses et les filets.

3 Avec les doigts, faites rentrer, aussi profondément que possible, la préparation aux herbes dans les incisions du poulet. Assaisonnez ensuite le poulet de sel et de poivre.

4 Positionnez le poulet dans le cuit-vapeur, faites-le cuire pendant 1 h. Vous pouvez aussi faire cuire le poulet dans la Cocotte-Minute®, équipée de son panier de cuisson (si celui-ci est assez grand), mais sans la mettre en pression. Au terme de la cuisson, enveloppez le poulet de 2 tours de papier d'aluminium. Laissez-le refroidir ainsi pendant 15 min puis découpez-le et servez-le avec une ratatouille par exemple.

Les ingrédients pour 6 personnes

1 beau poulet bio
1 botte de ciboulette
1 botte d'estragon
1 botte de basilic
1 botte de cerfeuil
1 cuil. à café de zeste de citron
1 cuil. à soupe de gingembre haché
4 cuil. à soupe d'huile d'olive
sel et poivre noir

Le conseil_ Selon votre cuit-vapeur, vous pourrez ou non faire tenir le poulet dans votre appareil. Au cas où le poulet serait trop gros, découpez-le en cuisses et filets et réduisez le temps à 25 min pour les filets et 35 min pour les cuisses.

le verre de vin qui va bien

Avec ce poulet très original, servez un rouge bien en chair et ensoleillé : le saint-chinian.

Spaghetti squash à l'huile d'olive et au cumin

PRÉPARATION 25 MIN | **CUISSON** 40 MIN | **COÛT** ★ | **DIFFICULTÉ** ★

1 Coupez le spaghetti squash en deux dans le sens de la longueur. Avec les doigts, éliminez tous les pépins qui sont assez solidement attachés à la pulpe. Avec un couteau, entaillez profondément la chair en plusieurs endroits, sans toutefois percer la peau.

2 Placez les 2 moitiés de squash sur les étages du cuit-vapeur. Pelez les oignons et l'ail. Hachez-les assez finement avec les feuilles de persil. Salez, poivrez le squash et répartissez à l'intérieur les oignons, l'ail, le persil et le gingembre haché. Versez l'huile et le jus du citron ; ajoutez le cumin et versez le porto.

3 Comptez 40 min de cuisson dans le cuit-vapeur. Vous pouvez aussi réaliser la cuisson dans la Cocotte-Minute®, équipée de son panier de cuisson, mais sans la mettre en pression. Servez le squash tel quel, dans un plat, et prélevez la chair cuite avec une fourchette en l'effilochant devant les convives. Servez pour accompagner un poisson ou une volaille.

Les ingrédients pour 4 à 6 personnes (selon la taille du squash)

1 spaghetti squash
4 oignons nouveaux
2 gousses d'ail
quelques brins de persil
1 cuil. à café de gingembre frais
6 cuil. à soupe d'huile d'olive
1 citron
2 pincées de cumin
5 cl de porto blanc (ou de pineau)
sel et poivre

Pour varier_ Essayez cette recette avec du potimarron.

À savoir_ Si vous avez des restes, utilisez-les pour faire une quiche…

le verre de vin qui va bien

Proposez un saumur-champigny.

Semoule

PRÉPARATION 25 MIN | **CUISSON** 3 X 20 MIN | **COÛT** ★ | **DIFFICULTÉ** ★★

Les ingrédients pour 4 personnes

400 g de semoule moyenne

30 cl d'eau

1 noix de beurre (facultatif)

sel

1 Placez la semoule dans un plat à rebords (plat à gratin, par exemple). Faites frémir l'eau avec 2 ou 3 pincées de sel.

2 Versez l'eau frémissante sur la semoule, mélangez et laissez gonfler pendant quelques minutes. Avec une fourchette, émiettez la semoule pour défaire les grumeaux éventuels.

3 Déposez et enfermez (sans serrer) la semoule ainsi préparée dans un linge humide. Placez le baluchon de semoule dans le cuit-vapeur et comptez 20 min de cuisson.

4 Ouvrez le linge, émiettez doucement la semoule, avec les doigts (sans vous brûler) ou avec une fourchette, puis mettez-la à cuire de nouveau 20 min. Répétez cette opération une fois de plus. Au terme de la troisième cuisson, émiettez la semoule et ajoutez du beurre, si vous aimez. Servez très chaud.

Pour varier_ Ajoutez les épices dans l'eau que vous devez mélanger à la semoule : curry, cumin, graines de coriandre ou de fenouil écrasées, poivre, piment... à votre goût !

À savoir_ Si vous faites la recette avec une semoule que vous ne connaissez pas, mettez un peu moins d'eau que prévu : la quantité d'absorption des semoules est assez variable d'une qualité à l'autre. Il est toujours facile de rajouter de l'eau si la semoule paraît sèche. Mais si vous en mettez trop au début, la semoule sera collante et irrécupérable !

la botte secrète d'aude et leslie

Quand l'eau frémit, ajoutez 1 cube de bouillon de bœuf ou de volaille. Remuez bien pour le diluer, histoire de parfumer tout ça en un tour de main. Et quand vous avez des restes de semoule, préparez-les en salade le lendemain (tomates-cerises, concombre, dés de feta et menthe fraîche ciselée).

le tuyau de laurence

Vous pouvez ajouter des petits raisins secs ; dans ce cas, mélangez-les à la semoule dès le début, ils gonfleront à la cuisson.

Riz gluant

PRÉPARATION 10 MIN | **TREMPAGE** 2 H | **CUISSON** 35 MIN | **COÛT** ★ | **DIFFICULTÉ** ★

→ CE RIZ DOIT SA CONSISTANCE DÉLICIEUSE ET SI PARTICULIÈRE À LA NATURE DE L'AMIDON, DONT IL EST EN GRANDE PARTIE CONSTITUÉ. CELUI-CI EST TRÈS RICHE EN AMYLOPECTINE, UNE SUBSTANCE NATURELLE QUE L'ON RETROUVE AUSSI DANS LE RIZ NON GLUANT, MAIS EN BIEN MOINDRE QUANTITÉ... N'ESSAYEZ PAS DE CUIRE LE RIZ GLUANT SANS LE FAIRE TREMPER OU DE LE FAIRE BOUILLIR À L'EAU, LE RÉSULTAT, DANS UN CAS COMME DANS L'AUTRE, SERAIT BIEN DÉCEVANT !

1 Placez le riz dans un saladier et recouvrez-le d'eau froide. Laissez-le tremper pendant 2 h environ, à température ambiante.

2 Égouttez le riz trempé et enfermez-le dans un linge humide et propre, sans le serrer : l'envelopper suffit.

3 Placez le riz ainsi enveloppé dans le panier du cuit-vapeur et comptez 35 min de cuisson environ. Pour vérifier la cuisson, ouvrez le baluchon et regardez les grains de riz : ils doivent tous être translucides. Si ce n'est pas le cas, poursuivez la cuisson quelques minutes de plus. Sortez le riz de son linge et servez-le bien chaud.

Les ingrédients pour 4 personnes

400 g de riz gluant (ou « glutineux »)

Pour varier_ • Vous pouvez cuire le riz dans des feuilles de bananier et le servir dedans, en laissant la surprise aux convives. • Une fois le riz cuit et refroidi, vous pouvez l'utiliser pour faire des boulettes à l'intérieur desquelles vous pourrez mettre des fruits de mer, des morceaux de viande marinée et cuite, des légumes... • Juste avant de faire cuire le riz, vous pouvez y incorporer les épices (safran, paprika, poivre de Sichuan, etc.), un peu de vinaigre (riz, framboises, xérès, etc.) ou des huiles bien parfumées (olive, courge, sésame).

le tuyau de laurence

Trop joli à servir dans des petits paniers vapeur individuels en bambou.

Pommes de terre vapeur et sauces

PRÉPARATION 5 MIN | **CUISSON** 30 MIN | **COÛT** ★ | **DIFFICULTÉ** ★

1 Placez simplement les pommes de terre lavées et non épluchées dans le cuit-vapeur et comptez 30 min de cuisson. Servez-les avec l'une des sauces suivantes. Pour aller plus vite, pensez à faire la cuisson à la Cocotte-Minute®.

Sauce à l'indienne

Hachez l'ail, le gingembre et les feuilles de menthe. Mélangez bien tous les ingrédients puis ajoutez à la viande.

Crème au raifort

Hachez les herbes. Mélangez tous les ingrédients de cette recette dans un bol et servez ainsi.

Sauce vierge

Pelez, épépinez et coupez la tomate en dés. Hachez les oignons préalablement épluchés et la ciboulette. Mélangez tous les ingrédients de cette recette dans un bol et servez ainsi.

Beurre d'herbes fraîches

Hachez les herbes et l'ail. Mélangez tous les ingrédients dans un saladier. Ajoutez le beurre ramolli et mélangez bien. Mettez le beurre assaisonné dans un ou deux ramequins.

Astuce_ Pour une sauce *light*, mélangez 1 yaourt velouté avec 1 cuil. à soupe de moutarde à l'ancienne et 1 cuil. à café de béarnaise toute prête.

Pour varier_ Pensez à panacher les variétés de pommes de terre : Belle-de-Fontenay, Charlotte, Vitelotte…

100 à 150 g de pommes de terre par personne

Sauce à l'indienne

- 2 gousses d'ail
- 1 cuil. à soupe de gingembre frais
- 10 feuilles de menthe
- 1 pot de yaourt nature
- 1 bonne cuil. à soupe de curry
- le jus d'1 citron
- le jus d'½ orange
- 1 cuil. à soupe de sucre

Crème au raifort

- 1 cuil. à soupe d'aneth
- 1 cuil. à soupe de persil
- 25 cl de crème fraîche épaisse ou de fromage blanc
- 1 à 2 cuil. à soupe de raifort
- 1 cuil. à café de moutarde forte
- le jus d'1 citron
- sel et poivre noir fraîchement moulu

Sauce vierge

- 1 tomate
- 2 oignons nouveaux
- 1 botte de ciboulette
- le jus d'1 citron jaune et d'1 citron vert
- 1 cuil. à café rase de sucre
- 10 cl d'huile d'olive
- sel et poivre noir fraîchement moulu

Beurre d'herbes fraîches

- 150 g de beurre
- 1 cuil. à soupe de persil
- 1 cuil. à soupe de ciboulette
- 1 cuil. à soupe d'estragon
- 1 cuil. à soupe de coriandre
- 1 cuil. à soupe d'aneth
- 1 cuil. à café d'ail
- quelques gouttes de jus de citron
- sel et poivre noir fraîchement moulu

Fonds d'artichauts vapeur, tomates et anchois

PRÉPARATION 20 MIN | **CUISSON** 25 MIN | **COÛT** ★ | **DIFFICULTÉ** ★

1 Répartissez les fonds d'artichauts encore surgelés dans le panier du cuit-vapeur. Comptez 25 min de cuisson. Vérifiez en goûtant l'un des fonds : il doit être tendre mais garder une très légère fermeté.

2 Hachez finement les gousses d'ail préalablement pelées, les tomates épépinées, les filets d'anchois et le basilic. Mélangez ces ingrédients avec le jus de citron, l'huile d'olive, le cayenne, du sel et du poivre.

3 Répartissez les fonds dans les assiettes de service et remplissez chacun d'eux d'1 belle cuil. à soupe de sauce aux anchois. Servez aussitôt.

Les ingrédients pour 4 personnes

12 fonds d'artichauts surgelés

Pour la sauce aux anchois

2 gousses d'ail
4 tomates
10 filets d'anchois à l'huile
1 botte de basilic
le jus d'1 citron
8 cuil. à soupe d'huile d'olive
1 pincée de poivre de Cayenne
sel fin et poivre noir

la botte secrète d'aude et leslie

Pour une entrée qui claque, faites cuire vos fonds d'artichauts comme indiqué dans la recette (étape 1). Laissez-les tiédir avant d'ajouter 1 fine tranche de foie gras. Zappez tous les autres ingrédients et hop, c'est prêt !

le verre de vin qui va bien

Essayez un cheverny.

Chou vert froid au sésame et vinaigre balsamique

PRÉPARATION 15 MIN | **CUISSON** 10 À 15 MIN | **COÛT** ★ | **DIFFICULTÉ** ★

Les ingrédients pour 4 personnes

- 2 choux verts
- ½ cuil. à café de gingembre frais
- 3 cuil. à soupe de vinaigre balsamique
- 4 cuil. à soupe de sauce soja
- 4 cuil. à soupe d'huile de sésame
- 3 oignons nouveaux
- 1 cuil. à soupe de graines de sésame
- 2 cuil. à soupe de pignons de pin

1 Détachez les feuilles des choux verts. Éliminez celles de l'extérieur qui risquent d'être trop fermes. Ôtez aussi les côtes des feuilles avec un petit couteau. Cuisez les feuilles ainsi préparées pendant 10 à 15 min au cuit-vapeur puis refroidissez le chou dans de l'eau froide, et égouttez-le aussitôt.

2 Préparez la sauce en mélangeant le gingembre haché, le vinaigre, la sauce soja et l'huile de sésame. Réservez. Posez les feuilles de chou vert bien égouttées sur le plan de travail et émincez-les assez finement avec un gros couteau.

3 Répartissez le chou dans quatre assiettes de service, saupoudrez avec les oignons émincés, les graines de sésame, les pignons de pin puis nappez de sauce. Servez bien frais.

le verre de vin qui va bien

Un châteaumeillant, délicieux vin issu du cépage Gamay, à découvrir pour ceux qui ne connaissent pas.

Shiitakés froids

PRÉPARATION 20 MIN | **CUISSON** 15 MIN | **COÛT** ★ | **DIFFICULTÉ** ★★

→ ON PEUT TRÈS FACILEMENT REMPLACER LES *SHIITAKÉS* PAR DES CHAMPIGNONS DE PARIS.

1 Choisissez de beaux *shiitakés* avec des chapeaux fermes et d'une couleur marron foncé uniforme. Avec un petit couteau, sectionnez et éliminez les queues. Épluchez les oignons et coupez-les finement.

2 Disposez les champignons dans une assiette et faites-les cuire 15 min à la vapeur. Au terme de la cuisson, les champignons doivent être tendres, parfumés et avoir gardé une texture légèrement ferme et agréable.

3 Assemblez les champignons cuits, les oignons, le gingembre haché, le miso, le sucre, le soja et 1 ou 2 cuil. à soupe d'eau froide. Poivrez et mélangez. Finissez en incorporant la ciboulette hachée et l'huile de sésame. Servez chaud, tiède ou froid.

Les ingrédients pour 4 personnes

500 g de beaux *shiitakés* frais
2 oignons rouges
1 cuil. à café de gingembre frais
1 cuil. à café de miso (facultatif)
1 cuil. à soupe de sucre en poudre
5 cl de sauce soja
1 botte de ciboulette
3 cuil. à soupe d'huile de sésame
poivre noir

le tuyau de laurence

Si vous en avez, saupoudrez vos *shiitakés* de graines de sésame. Vous pouvez également remplacer la ciboulette par de la coriandre.

le verre de vin qui va bien

Un beau verre de sancerre.

Carottes vapeur à l'ail, miel et épices

PRÉPARATION 20 MIN | **CUISSON** 35 MIN | **COÛT** ★ | **DIFFICULTÉ** ★

1 Dans une assiette creuse (ou tout autre récipient un peu creux), assemblez l'huile d'olive, les gousses d'ail épluchées et émincées, les oignons coupés en tranches fines et les carottes pelées et coupées en rondelles. Mélangez, salez, poivrez et couvrez. Faites cuire pendant 35 min dans le cuit-vapeur. Remuez de temps en temps. Goûtez pour vérifier la cuisson.

2 Mélangez les ingrédients de la sauce. Ajoutez-la aux carottes, laissez cuire encore 5 min puis sortez les carottes du cuit-vapeur. Servez chaud, tiède ou froid, en accompagnement, ou en entrée.

Les ingrédients pour 4 personnes

4 cuil. à soupe d'huile d'olive
6 gousses d'ail
4 oignons nouveaux
500 g de carottes
sel et poivre

Pour la sauce

le jus d'1 citron
6 cuil. à soupe d'huile d'olive
2 cuil. à soupe de miel
1 cuil. à soupe d'un mélange curcuma-cumin
1 botte de coriandre

Le conseil_ Pour aller plus vite, prenez des carottes surgelées. Si vous aimez, ajoutez aussi quelques tranches fines de panais et de betterave rouge. Remplacez la coriandre par du basilic.

la botte secrète d'aude et leslie

Quand vous n'avez pas de coriandre fraîche sous la main, rabattez-vous sur quelques pincées de coriandre moulue. Ceci dit, sachez qu'il existe maintenant de la coriandre ciselée surgelée (rayon surgelés des supermarchés) : hyper-pratique !

le verre de vin qui va bien

Servez cette recette avec un vin gris d'Algérie ou, mieux encore, un rouge libanais.

SUJETAR AQUÍ

Aubergines et poivrons marinés à la vapeur

PRÉPARATION 20 MIN | **CUISSON** 30 MIN | **MARINADE** 1 H | **COÛT** ★ | **DIFFICULTÉ** ★

→ EN GÉNÉRAL, ON PRÉPARE CETTE RECETTE AU FOUR AVEC SOUVENT BEAUCOUP D'HUILE. AVEC LE CUIT-VAPEUR, ON PEUT FAIRE AUSSI BIEN ET PLUS LÉGER !

1 Éliminez la tige des poivrons et tous leurs pépins. Coupez-les en deux dans la longueur. Posez les demi-poivrons dans le cuit-vapeur, côté peau vers le haut. Laissez-les cuire pendant 15 min environ (plus ou moins selon les poivrons). Vous pouvez aussi les cuire dans la Cocotte-Minute®, équipée de son panier de cuisson, mais sans la mettre en pression. Après la cuisson, sortez les poivrons, laissez-les refroidir un moment puis pelez-les. Coupez-les ensuite en cubes ou en lanières.

2 Éliminez l'extrémité verte des aubergines puis coupez-les, dans la longueur, en tranches d'1 cm d'épaisseur environ. Posez ces tranches dans le cuit-vapeur en évitant qu'elles ne se chevauchent trop ; faites-les cuire 15 min. Sortez-les du cuit-vapeur et laissez-les refroidir. Coupez-les ensuite en cubes.

3 Dans un saladier, assemblez le vinaigre, le miel, les huiles et l'ail préalablement pelé et haché. Salez, poivrez et fouettez le tout pendant quelques secondes afin d'obtenir une vinaigrette bien homogène. Ajoutez les poivrons et aubergines. Laissez macérer 1 h puis servez frais en saupoudrant de persil haché.

Les ingrédients pour 2 à 3 personnes

4 poivrons, rouges, verts, jaunes
2 aubergines
1 botte de persil plat

Pour la sauce

4 cuil. à soupe de vinaigre de vin
1 cuil. à soupe de miel
4 cuil. à soupe d'huile de colza
6 cuil. à soupe d'huile de noix ou de noisette
1 gousse d'ail
sel et poivre noir

le tuyau de laurence

Si vous optez pour l'huile de noix, saupoudrez de quelques cerneaux de noix grossièrement concassés. Et si vous vous laissez tenter par de l'huile de noisette, ajoutez quelques éclats de noisettes.

le verre de vin qui va bien

Proposez un bergerac rosé.

Betterave vapeur « maison »

PRÉPARATION 20 MIN I **CUISSON** 45 À 50 MIN I **COÛT** ★ I **DIFFICULTÉ** ★ I

MATÉRIEL SPÉCIFIQUE DU PAPIER D'ALUMINIUM

→ VOUS AIMEZ LES BETTERAVES CUITES DU COMMERCE ? C'ÉTAIT AVANT QUE VOUS NE LISIEZ CETTE RECETTE !

1 Épluchez la betterave et l'ail. Dans un mortier, pilez assez finement l'ail, les grains de poivre, le romarin, le thym, la sauge, le gros sel et l'huile d'olive.

2 Découpez 1 belle feuille de papier d'aluminium et posez-la devant vous. Versez la moitié du mélange pilé et posez la betterave dessus. Versez le reste sur la betterave. Refermez très hermétiquement la feuille d'aluminium autour de la racine.

3 Placez la betterave ainsi enveloppée dans le panier du cuit-vapeur et comptez 45 à 50 min de cuisson. Vous pouvez aussi la faire cuire dans la Cocotte-Minute®, équipée de son panier de cuisson, mais sans la mettre en pression. Servez la betterave toute chaude, dans son « emballage » et avec son merveilleux jus de cuisson. Vous pourrez soit la déguster telle quelle, soit l'accompagner d'une petite vinaigrette à l'huile d'olive.

Les ingrédients pour 2 à 3 personnes

- 1 grosse betterave à cuire
- 2 gousses d'ail
- quelques grains de poivre
- quelques feuilles de romarin frais
- 1 cuil. à café de feuilles de thym frais
- 4 feuilles de sauge
- 1 cuil. à café de gros sel
- 4 cuil. à soupe d'huile d'olive

À savoir_ Vous pouvez aussi servir cette betterave froide, en salade. Dans ce cas, agrémentez la vinaigrette d'accompagnement avec le jus de cuisson.

le tuyau de laurence

Une fois cuite, coupez la betterave en petits dés et dégustez-la en salade avec une vinaigrette moutardée, des cerneaux de noix concassés et de la ciboulette. Si vous avez des oignons nouveaux, ajoutez-en quelques-uns.

Julienne à la vapeur et pistou

PRÉPARATION 25 MIN | **CUISSON** 10 MIN | **COÛT** ★★ | **DIFFICULTÉ** ★

→ LA JULIENNE EST UN POISSON MAIGRE ET ENCORE ASSEZ BON MARCHÉ COMPARÉ AU CABILLAUD AUQUEL ELLE RESSEMBLE BEAUCOUP.

1 Lavez les feuilles des bottes de basilic. Dégermez les gousses d'ail puis plongez-les dans une petite casserole d'eau bouillante pendant 20 s ; égouttez-les. Dans un mixeur, assemblez le basilic, l'ail, l'huile d'olive, les pignons de pin, du sel et du poivre. Mixez pour obtenir une pâte fine et verte. Réservez dans un petit bol de service.

2 Salez, poivrez les morceaux de julienne puis huilez-les légèrement. Hachez grossièrement les feuilles de basilic puis utilisez-les pour paner les morceaux de poisson, comme vous le feriez pour une escalope. Posez-les dans le cuit-vapeur et comptez 10 min de cuisson environ. Vous pouvez aussi les faire cuire dans la Cocotte-Minute®, équipée de son panier de cuisson, si celui-ci est assez grand, mais sans la mettre en pression.

3 Servez la julienne bien chaude avec le pistou à consommer en même temps, comme de la moutarde. Proposez comme accompagnement du fenouil à la vapeur, ou des lentilles orange en vinaigrette.

Les ingrédients pour 4 personnes

4 morceaux de julienne de 180 g chacun
10 feuilles de basilic
huile d'olive
sel et poivre

Pour le pistou

2 bottes de basilic
6 gousses d'ail nouveau ou violet
10 cl d'huile d'olive
50 g de pignons de pin
sel et poivre

Pour varier_ Si le pistou doit toujours être préparé avec du basilic, vous pouvez quand même varier la recette en utilisant du persil, de l'aneth, voire de la menthe ou un mélange d'herbes.

le tuyau de laurence

Si vous voulez gagner du temps, sachez qu'il existe de délicieux pistous en bocal ou au rayon frais.

le verre de vin qui va bien

Un bourgogne aligoté.

Colin froid vapeur à l'aïoli

PRÉPARATION 25 MIN | **CUISSON** 35 MIN | **RÉFRIGÉRATION** 2 OU 3 H | **COÛT** ★★ | **DIFFICULTÉ** ★

→ LA CUISSON À LA VAPEUR CONVIENT PARTICULIÈREMENT BIEN AU COLIN. ACCOMPAGNÉ D'UN AÏOLI, C'EST UN VRAI DÉLICE...

Les ingrédients pour 6 personnes

1 beau colin (1,5 à 1,8 kg environ)

Pour l'aïoli

8 gousses d'ail nouveau

1 jaune d'œuf

1 cuil. à café de moutarde de Dijon

2 dosettes de safran en poudre

30 cl d'huile d'olive

sel et poivre

1 Arrondissez le colin en lui faisant solidement mordre sa queue et placez-le dans le cuit-vapeur. S'il ne tient pas, coupez-le en deux. Laissez cuire pendant 35 min. Sortez le panier de cuisson et éliminez la peau du colin (c'est assez facile si le poisson est encore chaud). Laissez refroidir. Couvrez de film alimentaire et placez au réfrigérateur pendant 2 ou 3 h.

2 Plongez les gousses d'ail (dégermées si besoin) dans une petite casserole d'eau bouillante pendant 20 s puis égouttez-les. Hachez-les très finement. Dans un saladier, mélangez le jaune d'œuf, l'ail, la moutarde et le safran avec un fouet électrique. Versez ensuite l'huile d'olive assez lentement sans cesser de fouetter, exactement comme pour une mayonnaise. Salez et poivrez.

3 Servez le colin froid avec son aïoli et accompagnez-le d'une salade verte et de lentilles froides assaisonnées.

Les suggestions d'accompagnement_ Servez ce colin et son aïoli avec des légumes cuits à la vapeur : courgettes, pommes de terre, poivrons, fenouil...

la botte secrète d'aude et leslie

Jouez sur les parfums des moutardes : à l'estragon, au piment d'Espelette ou encore au cognac.

le verre de vin qui va bien

Proposez un verre de côtes-du-ventoux rosé.

Cabillaud pané à la ciboulette

PRÉPARATION 10 MIN | **CUISSON** 10 MIN | **COÛT** ★★ | **DIFFICULTÉ** ★

Les ingrédients pour 4 personnes

4 pavés de cabillaud
2 bottes de ciboulette
1 citron (zeste + jus)
huile d'olive
sel et poivre

1 Salez et poivrez les pavés de cabillaud. Hachez finement les bottes de ciboulette, le zeste du citron et mélangez bien. Placez le mélange ciboulette-citron dans une assiette.

2 Panez les pavés de cabillaud en les couchant dans le mélange et en appuyant pour le faire adhérer.

3 Déposez les pavés panés dans le ou les paniers du cuit-vapeur. Attention, ils ne doivent pas se chevaucher. Comptez 10 min de cuisson, pas plus. Vous pouvez aussi utiliser la Cocotte-Minute®, équipée de son panier de cuisson, mais sans la mettre en pression. Servez bien chaud avec un trait d'huile d'olive et quelques gouttes de jus de citron. Accompagnez de pommes vapeur.

Pour varier_ Remplacez la ciboulette par d'autres herbes finement hachées : aneth, coriandre, basilic, persil, roquette…

le verre de vin qui va bien

Un verre de quincy.

Daurade vapeur au Serrano

PRÉPARATION 25 MIN | **CUISSON** 15 À 20 MIN | **COÛT** | **DIFFICULTÉ** ★ |

MATÉRIEL SPÉCIFIQUE DE LA FICELLE DE CUISINE OU DES PETITES PIQUES EN BOIS

→ CETTE RECETTE ÉTONNANTE VIENT EN FAIT DE LA RÉGION DE SHANGHAI : LE POISSON CUIT EN MÊME TEMPS QUE LE JAMBON... SA SAVEUR EST ASSEZ UNIQUE. À DÉCOUVRIR !

1 Épongez et essuyez les daurades. Lavez le blanc de poireau, épluchez le gingembre. Hachez-les finement. Découpez chaque tranche de Serrano en trois sections de même taille.

2 Avec un couteau, faites 3 profondes entailles de chaque côté des daurades. Poivrez les poissons et enrobez-les du mélange haché.

3 Glissez un morceau de jambon dans chacune des entailles des poissons. Ce n'est pas grave si le jambon dépasse.

4 Faites cuire les daurades 15 à 20 min au cuit-vapeur puis servez-les arrosées d'un petit trait de sauce soja et de quelques gouttes d'huile de sésame. Pensez aussi à la Cocotte-Minute® pour cuire les daurades, mais sans la mettre en pression bien sûr.

Les ingrédients pour 2 personnes

- 2 daurades « portions » préparées par le poissonnier
- 1 petit blanc de poireau
- 1 petit morceau de gingembre
- 4 tranches de jambon Serrano pas trop fines
- sauce soja
- huile de sésame
- poivre

la botte secrète d'aude et leslie

Pour d'autres saveurs, essayez cette recette avec de la sauce *teriyaki* à la place de la sauce soja. Ça apporte un petit goût sucré qu'on adooooore !

le verre de vin qui va bien

Essayez un saint-aubin, grand vin de la côte de Beaune.

Bar à la vapeur d'algues et gros sel

PRÉPARATION 5 MIN | **CUISSON** 25 MIN | **COÛT** ★★★ | **DIFFICULTÉ** ★

Les ingrédients pour 4 personnes

1 bar de ligne de 1,5 kg environ, préparé par le poissonnier

1,5 kg d'algues (varech)

gros sel de mer

1 Salez le bar avec du gros sel, sans excès. Dans une grande cocotte, placez les trois quarts des algues pour constituer un lit bien épais. Déposez le bar par-dessus et recouvrez-le avec les algues restantes.

2 Versez 20 cl d'eau environ. Portez à ébullition, couvrez et faites cuire ainsi à feu moyen pendant 25 min environ. Servez dans la cocotte directement. Cuite ainsi, la chair du bar prend une succulente saveur iodée. Ne proposez ni sauce, ni aucun accompagnement, juste du gros sel.

À savoir_ Ne conduisez pas la cuisson à feu trop vif car si l'eau s'évapore trop vite, les algues risquent d'attacher au fond de la cocotte et de donner un mauvais goût. Cette recette peut se faire avec presque tous les poissons de mer, à l'exception peut-être des poissons gras : thon, maquereau, sardines, bonites, etc.

le verre de vin qui va bien

Avec cette grande recette, servez un chassagne-montrachet, superbe vin de la côte de Beaune.

Bacalhau à l'ail, piment, huile d'olive et roquette

PRÉPARATION 25 MIN | **CUISSON** 25 MIN | **COÛT** ★★★ | **DIFFICULTÉ** ★

→ ON TROUVE DES PAVÉS DE BACALHAU SURGELÉS DANS LES ÉPICERIES VENDANT DES PRODUITS PORTUGAIS. ON PEUT AUSSI UTILISER DE LA MORUE PRÉALABLEMENT DÉSSALÉE PLUSIEURS HEURES DANS DE L'EAU FROIDE.

1 Poivrez les pavés de bacalhau, placez-les dans le cuit-vapeur et comptez 25 min de cuisson environ, plus ou moins selon leur taille. Vous pouvez aussi les faire cuire dans la Cocotte-Minute®, équipée de son panier de cuisson, mais sans la mettre en pression.

2 Pendant ce temps, placez les gousses d'ail épluchées et dégermées dans une casserole. Recouvrez-les d'huile d'olive et portez à ébullition, à feu moyen. Faites cuire quelques minutes en remuant délicatement. Quand les gousses commencent à dorer, ajoutez le piment puis ôtez la casserole du feu et laissez refroidir.

3 Assaisonnez la roquette avec du sel, du poivre, du jus de citron et un peu d'huile d'olive. Déposez les pavés de bacalhau cuits dans les assiettes, répartissez la roquette à côté et nappez avec les gousses d'ail cuites et leur huile pimentée.

Les ingrédients pour 4 personnes

4 pavés de bacalhau prêts à cuire
16 gousses d'ail
2 piments secs émiettés
1 sachet de roquette
le jus d'1 citron
huile d'olive
sel et poivre

le verre de vin qui va bien

Essayez le bucelas, surprenant et délicieux vin blanc produit légèrement au nord de Lisbonne.

Truite vapeur aux tomates confites

PRÉPARATION 30 MIN | **CUISSON** 20 À 25 MIN | **COÛT** ★ | **DIFFICULTÉ** ★ |

MATÉRIEL SPÉCIFIQUE DU PAPIER D'ALUMINIUM

→ LES TOMATES CONFITES ONT UNE SAVEUR TRÈS PARTICULIÈRE, PARFAITE POUR SOULIGNER CELLE D'UN POISSON COMME LA TRUITE. UTILISEZ AUSSI DU SAUMON OU DE LA TRUITE DE MER.

1 Salez et poivrez les truites. Découpez 4 feuilles de papier d'aluminium assez grandes pour pouvoir contenir les truites. Huilez-les et assaisonnez-les de sel et de poivre.

2 Épluchez et hachez les échalotes. Hachez aussi le persil, les tomates (grossièrement) et récupérez les petites feuilles du brin de thym.

3 Répartissez tous ces ingrédients sur les truites, arrosez d'un trait d'huile d'olive. Refermez les feuilles d'aluminium et faites cuire 20 à 25 min au cuit-vapeur. Servez les papillotes avec des tranches de citron dedans.

Les ingrédients pour 4 personnes

4 truites préparées par le poissonnier
2 échalotes
quelques brins de persil
8 morceaux de tomates confites
1 brin de thym, frais si possible
huile d'olive
1 citron
sel et poivre

la botte secrète d'aude et leslie

Les truites et les amandes font bon ménage... Alors pensez à parsemer votre recette d'amandes effilées grillées (poêlées 1 min à sec).

le verre de vin qui va bien

Un vin rosé de Loire.

Pavés de saumon poivrés aux fenouils émincés

PRÉPARATION 25 MIN | **CUISSON** 15 MIN | **COÛT** ★★ | **DIFFICULTÉ** ★

→ LA CUISSON À LA VAPEUR PERMET DE CUIRE LE SAUMON EN LE GARDANT ASSEZ MOELLEUX. ATTENTION AU TEMPS DE CUISSON, IL DÉPEND DE L'APPAREIL ET DE L'ÉPAISSEUR DES PAVÉS... ADAPTEZ-VOUS.

1 Émincez assez finement les bulbes de fenouil bien lavés. Citronnez-les pour ne pas qu'ils noircissent. Salez les pavés de saumon. Écrasez les grains de poivre assez grossièrement et saupoudrez-en le poisson. Déposez le fenouil dans le panier du cuit-vapeur. Déposez les pavés de saumon poivrés par-dessus. Comptez 15 min de cuisson.

2 Pendant ce temps, préparez la sauce : versez la crème dans un bol. Hachez l'aneth, pressez le jus du demi-citron. Mélangez ces ingrédients avec l'huile d'olive et la moutarde. Salez et poivrez.

3 Déposez le fenouil et les pavés de saumon dans les assiettes, nappez-les d'1 cuil. de sauce et servez le reste dans un bol.

Les ingrédients pour 4 personnes

4 bulbes de fenouil, pas trop gros
½ citron
4 pavés de saumon
20 grains de poivre noir
sel

Pour la sauce

15 cl de crème fraîche épaisse
1 botte d'aneth
½ citron
2 cuil. à soupe d'huile d'olive
1 cuil. à soupe de moutarde
sel et poivre

Pour varier_ Faites mariner 1 ou 2 h les pavés de saumon dans un mélange de jus de citron, d'aneth, de sel et de poivre avant de les faire cuire.

le verre de vin qui va bien

Servez un côtes-de-provence blanc.

Julienne au thym, romarin et tomates-cerises

PRÉPARATION 25 MIN | **MARINADE** 1 H | **CUISSON** 20 À 25 MIN | **COÛT** ★★ | **DIFFICULTÉ** ★

1 Récupérez les feuilles du thym et du romarin, épluchez les gousses d'ail. Pilez finement ces ingrédients dans un mortier avec l'huile d'olive et les grains de poivre. Vous pouvez aussi faire cette opération dans un mixeur, mais la purée obtenue ne sera pas aussi fine.

2 Épluchez et hachez les oignons, coupez les tomates-cerises en deux avec un petit couteau.

3 Dans une assiette creuse, mêlez les pavés de poisson salés et poivrés avec les aromates broyés, les oignons, les tomates-cerises et le jus de citron. Laissez mariner 1 h.

4 Répartissez le poisson et la marinade dans deux assiettes creuses ou un plat, couvrez de film alimentaire et faites cuire 20 à 25 min dans le cuit-vapeur. Vous pouvez utiliser la Cocotte-Minute®, équipée de son panier de cuisson, mais sans la mettre en pression. Découvrez les assiettes et servez bien chaud avec un riz nature.

Les ingrédients pour 4 personnes

2 brins de thym
2 brins de romarin
4 gousses d'ail
5 cl d'huile d'olive
5 grains de poivre noir
2 oignons nouveaux
200 g de tomates-cerises
4 pavés de filet de julienne
le jus d'1 citron
sel et poivre

À savoir_ En faisant cuire des aliments à la vapeur dans une assiette couverte, vous gardez tous les jus, sucs de cuisson et arômes dans le poisson... Rien ne se perd !

la botte secrète d'aude et leslie

On trouve sur les étals de certains marchés des tomates-cerises jaunes... Si vous mettez la main dessus, ne vous privez pas et faites un *mix* rouge et jaune. Ce sera très joli !

le verre de vin qui va bien

Essayez un collioure rouge, pas facile à trouver... mais très séduisant !

Saumon, aneth, endives et citron vert

PRÉPARATION 25 MIN | **CUISSON** 15 MIN | **COÛT** ★★ | **DIFFICULTÉ** ★ |

MATÉRIEL SPÉCIFIQUE DU PAPIER D'ALUMINIUM

1 Salez et poivrez les pavés de saumon. Découpez 4 feuilles de papier d'aluminium assez grandes pour pouvoir envelopper les pavés et leur garniture. Huilez-les et assaisonnez-les de sel et de poivre.

2 Épluchez et hachez les échalotes. Prélevez les zestes des citrons verts avec un économe : ne prenez que le vert, pas trop de peau blanche. Hachez-les ainsi que la ciboulette et le piment épépiné, si vous l'utilisez. Émincez assez finement les endives.

3 Dans un saladier, assemblez les endives, les échalotes, les zestes de citron, la ciboulette et le piment.

4 Répartissez tous ces ingrédients sur les feuilles d'aluminium. Posez les pavés dessus, arrosez d'un trait d'huile d'olive. Refermez les feuilles d'aluminium et faites cuire 15 min environ au cuit-vapeur. Servez les papillotes avec des demi-citrons verts à presser au dernier moment sur le poisson.

Les ingrédients pour 4 personnes

4 pavés de saumon
2 échalotes
2 citrons verts
1 botte de ciboulette
1 petit piment rouge (facultatif)
4 endives
huile d'olive
sel et poivre

le verre de vin qui va bien

Un vin rosé de Loire.

Merlan au curry et graines de sésame

PRÉPARATION 25 MIN | **CUISSON** 15 À 20 MIN | **COÛT** ★ | **DIFFICULTÉ** ★

1 Pelez les gousses d'ail, émincez-les puis faites-les frire à feu vif dans l'huile. Quand elles sont un peu colorées, sortez du feu et laissez refroidir.

2 Dans un plat qui puisse tenir dans le panier du cuit-vapeur, assemblez l'ail et son huile, le lait de coco, le jus de citron vert, le curry, la demi-mangue pelée et coupée en petits morceaux, les oignons émincés et les filets de merlan coupés en 2 ou 3 morceaux chacun.

3 Salez, poivrez, couvrez de film alimentaire et lancez la cuisson en comptant une bonne quinzaine de minutes. Servez bien chaud, directement dans le plat de cuisson, avec du riz blanc nature. Pensez à proposer un petit bol de chutney.

Les ingrédients pour 2 personnes

4 gousses d'ail
3 cuil. à soupe d'huile
15 cl de lait de coco
le jus d'1 citron vert
1 bonne cuil. à soupe de curry
½ mangue
2 oignons nouveaux avec leurs fanes
2 beaux filets de merlan (300 à 350 g en tout)
sel et poivre

la botte secrète d'aude et leslie

Si vous n'avez pas de mangue sous la main, remplacez-la par de l'ananas. Même en conserve, ça marche...

le verre de vin qui va bien

Essayez le délicieux *albana di Romagna*, produit en Émilie-Romagne, juste un peu au sud de Venise... Tout un programme !

Cabillaud vapeur maître d'hôtel

PRÉPARATION 25 MIN | **CUISSON** 10 MIN | **COÛT** ★★★ | **DIFFICULTÉ** ★

1 Dans un mixeur, hachez très finement le beurre avec les feuilles de la botte de persil, le jus du demi-citron, du sel et du poivre. Réservez.

2 Salez, poivrez les pavés de cabillaud. Épluchez les échalotes. Hachez-les avec le zeste de citron, la citronnelle et les feuilles des herbes. Mélangez tous ces ingrédients et placez-les dans une assiette plate.

3 Panez les pavés de cabillaud dans le mélange pour les recouvrir complètement. Placez-les dans le cuit-vapeur et comptez 10 petites minutes de cuisson.

4 Servez les pavés de cabillaud bien chauds en posant par-dessus 1 cuil. à soupe de beurre maître d'hôtel.

Pour varier_ Ajoutez un peu de curry, en pâte ou en poudre. Pour une saveur plus forte, ajoutez 1 piment haché.

Les ingrédients pour 4 personnes

Pour le beurre

70 g de beurre
1 petite botte de persil plat
½ citron
sel et poivre

Pour le poisson

4 pavés de cabillaud
2 échalotes
1 zeste de citron
2 tiges de citronnelle fraîches ou surgelées (facultatif)
1 petite botte de persil plat ou de cerfeuil
sel et poivre

le tuyau de laurence

Servez ce poisson sur un lit de haricots verts cuits à la vapeur.

le verre de vin qui va bien

Découvrez le viré-clessé, délicieux vin blanc produit dans le Mâconnais.

recette**pour**épater…

Daurade, rougail de tomates

PRÉPARATION 25 MIN | **CUISSON** 25 À 30 MIN | **COÛT** ★★★ | **DIFFICULTÉ** ★★

→ POUR FAIRE PLUS SIMPLE, VOUS POUVEZ NE PRÉPARER LE ROUGAIL QU'AVEC UNE SEULE VARIÉTÉ DE TOMATES… MAIS POURQUOI NE PAS PROFITER DU CHOIX QUI S'OFFRE FACILEMENT SUR LES ÉTALS ? LES PLUS CHANCEUX POURRONT PEUT-ÊTRE TROUVER DES « DÉLICES D'OR », SUPERBES TOMATES JAUNE PAILLE, JUTEUSES ET DÉLICIEUSES : À AJOUTER À LA RECETTE !

1 Idéalement, préparez le rougail 2 ou 3 h à l'avance. Hachez finement les gousses d'ail pelées, toutes les tomates, en épépinant les plus grosses, et les feuilles de basilic (réservez les tiges). Épépinez le piment et hachez-le ainsi que les oignons. Mélangez ces ingrédients avec le jus des citrons, l'huile d'olive, le cumin, du sel et du poivre. Réservez les citrons pressés.

2 Faites écailler et vider la daurade par le poissonnier. À la maison, rincez-la rapidement à l'eau courante puis épongez-la. Salez et poivrez le poisson. Versez l'eau dans le cuit-vapeur. Ajoutez-y les tiges de la botte de basilic et 4 ou 5 zestes de citron vert, prélevés avec un économe. Placez le poisson dans le panier et faites cuire 25 à 30 min, plus ou moins selon l'appareil et la taille du poisson. Vous pouvez aussi faire cuire la daurade dans la Cocotte-Minute®, équipée de son panier de cuisson, mais sans la mettre en pression.

3 Servez le poisson entier sur la table, prélevez les filets et servez-les bien chauds avec le rougail à part, en accompagnement.

Les ingrédients pour 4 personnes

1 belle daurade royale de 1,5 kg environ
sel et poivre

Pour le rougail

2 gousses d'ail
1 tomate olive
1 tomate cœur-de-bœuf
1 tomate noire de Crimée
15 petites tomates cœur-de-pigeon (jaunes)
1 botte de basilic
1 piment rouge ou vert
2 oignons nouveaux
2 citrons verts (jus et zestes)
10 cuil. à soupe d'huile d'olive
1 pincée de cumin
sel fin et poivre noir

le verre de vin qui va bien

Proposez un montagny, excellent blanc de la côte chalonnaise.

Rascasse vapeur à la rouille

PRÉPARATION 25 MIN | **CUISSON** 25 À 30 MIN | **COÛT** ★★ | **DIFFICULTÉ** ★★

→ LA RASCASSE EST UN POISSON DE COULEUR ROUGE OU ORANGÉE, DÉLICIEUX ET ENCORE ASSEZ BON MARCHÉ. À NE PAS CONFONDRE AVEC LES RASCASSES MÉDITERRANÉENNES, UTILISÉES POUR FAIRE LA SOUPE.

1 Faites écailler et vider la rascasse par le poissonnier ; faites aussi couper la tête sinon le poisson risque de ne pas tenir dans votre cuit-vapeur. À la maison, rincez-le rapidement à l'eau courante et épongez-le. Salez et poivrez le poisson. Versez l'eau dans le cuit-vapeur. Ajoutez-y les graines de fenouil, le poivre et l'anis étoilé. Placez le poisson dans le panier et faites cuire 25 à 30 min, plus ou moins selon l'appareil et la taille du poisson.

2 Épluchez les gousses d'ail, dégermez-les si nécessaire. Si l'ail vous paraît fort ou date un peu, blanchissez-le dans une petite casserole d'eau bouillante pendant 20 s puis égouttez-le. Hachez les gousses très finement. Dans un saladier, mélangez, au fouet électrique, le jaune d'œuf, l'ail, la moutarde, le concentré de tomate et le Spigol. Versez ensuite l'huile d'olive assez lentement sans cesser de fouetter, exactement comme pour une mayonnaise. Salez, poivrez et ajoutez le piment de Cayenne.

3 Servez la rascasse bien chaude avec sa rouille et accompagnez de pommes de terre à la vapeur.

Les ingrédients pour 4 personnes

1 belle rascasse (1,5 à 1,8 kg environ)
1 cuil. à soupe de graines de fenouil
10 grains de poivre
1 anis étoilé
sel et poivre

Pour la rouille

8 gousses d'ail
1 jaune d'œuf
1 cuil. à café de moutarde de Dijon
1 cuil. à café de concentré de tomate
2 dosettes d'épices Spigol (en grandes surfaces)
30 cl d'huile d'olive
3 pincées de piment de Cayenne
sel, poivre moulu

le verre de vin qui va bien

Un rosé de Provence.

Limande vapeur, poivre et sel

PRÉPARATION 5 MIN | **CUISSON** 10 À 15 MIN | **COÛT** ★★ | **DIFFICULTÉ** ★ |

MATÉRIEL SPÉCIFIQUE DU PAPIER D'ALUMINIUM

→ CETTE RECETTE ASIATIQUE PEUT ÊTRE PRÉPARÉE DE MILLE MANIÈRES DIFFÉRENTES. EN VOICI UNE VERSION. ON PEUT REMPLACER LA LIMANDE PAR UNE GROSSE SOLE-FILET MAIS LES PRIX NE SONT PAS LES MÊMES...

1 Faites écailler et vider la limande par le poissonnier. Éventuellement, faites aussi couper la tête sinon le poisson risque de ne pas tenir dans votre cuit-vapeur. À la maison, rincez la limande rapidement à l'eau courante puis épongez-la. Salez et poivrez le poisson. Versez l'eau dans le cuit-vapeur. Ajoutez-y le gingembre coupé en tranches. Placez le poisson dans un plat de service, si vous en trouvez un qui tienne dans le panier du cuit-vapeur, et faites cuire 10 à 15 min environ, plus ou moins selon l'appareil et la taille du poisson.

2 Placez délicatement la limande cuite dans un plat, si vous n'avez pas utilisé un plat pour la cuisson. Épépinez le piment et épluchez la gousse d'ail. Hachez ces aromates, émincez les fanes des oignons, écrasez assez finement le poivre. Répartissez tous ces aromates sur la limande. Arrosez-la d'un bon trait de sauce soja et de quelques gouttes d'huile de sésame. Servez aussitôt.

Les ingrédients pour 2 personnes

1 belle limande de 400 à 600 g environ
1 morceau de gingembre (gros comme le pouce)
1 petit piment rouge
1 gousse d'ail
les fanes de 3 oignons nouveaux
15 grains de poivre de Sichuan
sauce soja
huile de sésame
sel et poivre moulu

le tuyau de laurence

Top avec des pousses de soja sautées à l'huile de sésame !

le verre de vin qui va bien

Un entre-deux-mers.

Brioches vapeur au pavot

PRÉPARATION 25 MIN I **REPOS** 4 H + 1 H, AU MOINS I **CUISSON** 15 MIN I **COÛT** ★ I **DIFFICULTÉ** ★ I

MATÉRIEL SPÉCIFIQUE DU PAPIER SULFURISÉ

Les ingrédients pour 4 personnes

- 250 g de farine
- 50 g de sucre
- 5 g de sel
- 10 g de levure
- 4 œufs
- 80 g de beurre
- 2 cuil. à soupe de graines de pavot

1 Dans le bol d'un mélangeur électrique, assemblez la farine, le sucre, le sel, la levure, 3 œufs entiers. Pétrissez pendant 10 min à vitesse moyenne puis ajoutez le beurre ramolli, morceau par morceau, et la moitié des graines de pavot. Une fois la préparation pétrie et le beurre parfaitement incorporé, roulez la pâte en boule et placez-la dans un saladier ; mettez-la au réfrigérateur pendant au moins 4 h, 1 nuit idéalement.

2 Reprenez la pâte, pétrissez-la rapidement avec les doigts pour la faire retomber puis formez des boulettes de la taille d'une grosse noix. Déposez-les sur une feuille de papier sulfurisé découpée à la taille et à la forme du panier du cuit-vapeur. Posez cette feuille dans le panier de cuisson et déposez les boulettes dessus. Attention : ne les serrez pas trop, elles vont beaucoup gonfler au cours de la cuisson.

3 Laissez les boulettes gonfler 1 h au moins puis dorez-les avec le dernier œuf battu ; parsemez leur surface avec le reste des graines de pavot. Comptez 15 min de cuisson puis dégustez les brioches tièdes, nature ou avec une bonne confiture.

la botte secrète d'aude et leslie

Dégainez-les à l'heure du thé avec du *dulce de leche*... ou, pour un dessert tout fou, servez-les tièdes avec 1 boule de glace au nougat et arrosez le tout de sauce au chocolat.

Boulettes de riz gluant aux fruits confits

TREMPAGE 2 H | **PRÉPARATION** 25 MIN | **CUISSON** 35 MIN | **COÛT** ★ | **DIFFICULTÉ** ★

1 Placez le riz dans un saladier et recouvrez-le d'eau froide. Laissez-le tremper pendant 2 h environ, à température ambiante. Égouttez le riz trempé et enfermez-le dans un linge humide et propre, sans le serrer.

2 Placez le riz enveloppé dans le panier du cuit-vapeur et comptez 35 min de cuisson, environ. Pour vérifier la cuisson, ouvrez le baluchon et regardez les grains de riz : ils doivent tous être translucides. Le cas échant, poursuivez la cuisson quelques minutes supplémentaires. Sortez le riz de son linge et laissez-le refroidir.

3 Hachez lez fruits confits et le gingembre. Avec les mains légèrement humides, prenez du riz (1 cuil. à soupe environ, pas plus), formez une sorte de petite galette, déposez des fruits confits au milieu puis refermez-la pour former une boulette. Poursuivez jusqu'à épuisement du riz. À l'aide d'une petite passoire à main, saupoudrez très légèrement les boulettes de cacao amer puis servez immédiatement.

Les ingrédients pour 4 personnes

200 g de riz gluant (ou « glutineux »)
100 g de fruits confits mélangés
quelques tranches de gingembre confit
1 cuil. à soupe de cacao amer

Pour varier_ Farcissez les boulettes de chocolat noir, de chocolat blanc, de groseilles, de grains de raisins épluchés...

Flan au lait de coco

PRÉPARATION 30 MIN | **CUISSON** 35 MIN | **COÛT** ★ | **DIFFICULTÉ** ★ |

MATÉRIEL SPÉCIFIQUE 1 GRAND MOULE OU 4 PETITS

1 Placez les morceaux de sucre dans une casserole et versez l'eau par-dessus. Ajoutez 1 cuil. à soupe de jus de citron vert. Portez à ébullition en mélangeant et laissez cuire sur feu moyen. Quand le sirop en ébullition commence à se colorer, surveillez-le bien jusqu'à l'obtention d'un beau caramel.

2 Versez le caramel dans le ou les moules, laissez refroidir complètement. Épluchez le citron vert et hachez très finement ses zestes. Placez-les dans une casserole, ajoutez le lait, le lait de coco, faites chauffer puis frémir sans jamais laisser bouillir. Sortez du feu, mélangez bien et laissez infuser pendant 10 min.

3 Dans un saladier, cassez les œufs et battez-les rapidement avec le sucre en poudre, la Maïzena et le curry. Versez par-dessus le mélange lait-lait de coco filtré et mélangez bien.

4 Versez l'appareil au coco dans le moule caramélisé. Saupoudrez la surface du flan avec le coco en poudre. Placez délicatement le ou les moules dans le cuit-vapeur. Couvrez, comptez 35 min de cuisson. Laissez ensuite refroidir complètement avant de servir.

Les ingrédients pour 4 personnes

20 morceaux de sucre
5 cl d'eau
1 citron vert (jus + zeste)
30 cl de lait
30 cl de lait de coco
4 œufs frais
110 g de sucre en poudre
1 cuil. à soupe de Maïzena
1 bonne cuil. à café de curry
2 cuil. à soupe de coco en poudre

Papillotes de pêche à la menthe

PRÉPARATION 30 MIN | **CUISSON** 20 MIN | **COÛT** ★ | **DIFFICULTÉ** ★ |

MATÉRIEL SPÉCIFIQUE DU PAPIER D'ALUMINIUM

→ POUR BIEN FAIRE, PANACHEZ DIFFÉRENTES VARIÉTÉS DE PÊCHES...

1 Plongez rapidement les pêches dans de l'eau bouillante, refroidissez-les à l'eau froide puis pelez-les. Épluchez le gingembre puis hachez-le finement tout comme les feuilles de menthe.

2 Découpez 4 feuilles d'aluminium et beurrez-les. Placez-les devant vous et déposez les pêches découpées en gros quartiers sur chacune d'elles. Répartissez par-dessus le gingembre, la menthe, les noisettes de beurre, la vergeoise et le rhum.

3 Refermez hermétiquement les 4 papillotes en faisant attention à ce que le rhum ne s'échappe pas. Posez les papillotes dans le cuit-vapeur et comptez 20 min de cuisson, pas plus, surtout si les pêches sont bien mûres. Servez les papillotes très chaudes en laissant les convives les ouvrir eux-mêmes.

Les ingrédients pour 4 personnes

6 belles pêches
1 petit morceau de gingembre frais
8 feuilles de menthe
4 noisettes de beurre
4 cuil. à soupe de vergeoise
4 cuil. à soupe de rhum
beurre pour la cuisson

la botte secrète d'aude et leslie

Troquez la vergeoise contre du sucre vanillé... Ou alors ajoutez 1 demi-gousse de vanille fendue en deux dans chaque papillote. Miam !

le verre de vin qui va bien

Un petit verre de banyuls.

je veux en savoir plus !

Le panier en bambou / Il existe aujourd'hui des fours à micro-ondes multi-cuissons / AVEC LES MOYENS DU BORD / Il existe d'ailleurs des appareils vendus sur Internet qui permettent de cuire à la vapeur sans dépasser 95 °C / Déposez l'assiette dans le panier du cuit-vapeur et démarrez la cuisson / L'autocuiseur / Cuits à la vapeur, les légumes conservent mieux leurs vitamines et leurs sels minéraux / On le pose, rempli avec un peu d'eau, sur le feu de la cuisinière et il fonctionne ensuite comme un cuit-vapeur électrique / Soyez très exigeant sur la qualité ! / FAIRE UN BALUCHON POUR CUIRE LE RIZ GLUANT OU LA SEMOULE / Déposez le baluchon dans le panier du cuit-vapeur, de l'autocuiseur ou du panier en bambou et lancez la cuisson / CUIRE À LA VAPEUR DANS UNE ASSIETTE / Le cuit-vapeur traditionnel / Si vous n'avez aucun de ces appareils chez vous, vous pouvez improviser un cuit-vapeur assez facilement / Mettez de l'eau à bouillir dans le fond d'une casserole, déposez les aliments dans une passoire / La cuisson à la vapeur présente un intérêt principal, celui de faire fondre les graisses des viandes

Je veux la technique !

Faire un baluchon pour cuire le riz gluant ou la semoule

1 Faites tremper le riz gluant dans un saladier d'eau froide, ou faites gonfler la semoule avec de l'eau chaude.

2 Trempez un torchon blanc dans l'eau froide puis essorez-le en le tordant assez fortement.

3 Placez le riz ou la semoule au centre du torchon. Rabattez les bords vers le centre puis nouez-les sans trop serrer.

4 Déposez le baluchon dans le panier du cuit-vapeur, de l'autocuiseur ou dans le panier en bambou et lancez la cuisson.

Cuire à la vapeur dans une assiette

1 Préparez les ingrédients : épluchez les légumes, coupez la viande ou le poisson en dés ou en lanières pas trop grosses.

2 Salez, poivrez, versez par-dessus les ingrédients liquides de la recette : alcool, huile, vinaigre, sauce ou jus de citron.

3 Couvrez hermétiquement l'assiette avec du film alimentaire pour que la vapeur d'eau n'entre pas en contact avec les ingrédients.

4 Déposez l'assiette dans le panier du cuit-vapeur et démarrez la cuisson.

Les différents appareils pour cuire à la vapeur

Le cuit-vapeur électrique

C'est le matériel le plus facile à utiliser et auquel il est très souvent fait appel dans ce livre. Il peut être livré avec 1 ou 2 paniers de cuisson à superposer. Il permet de cuire simultanément différents types d'aliments, certains comprenant même un compartiment riz. Il est toujours muni d'une minuterie automatique et s'arrête lorsque le temps de cuisson est écoulé.

Le panier en bambou

La cuisine à la vapeur dans les paniers en bambou n'a rien de nouveau, puisque les Chinois la pratiquent depuis toujours. Leur utilisation est très simple : il suffit de placer les ingrédients à cuire dans les paniers et de poser ceux-ci sur une casserole d'eau bouillante ou directement dans un cuit-vapeur électrique. Notez qu'on peut les superposer les uns sur les autres.

L'autocuiseur

L'autocuiseur (la Cocotte-Minute® de la marque Seb) permet aussi de cuire à la vapeur : il suffit d'y mettre un peu d'eau au fond, de suspendre le panier de cuisson à l'intérieur, d'y déposer les ingrédients, de couvrir et de lancer la cuisson. Attention : il ne faut pas mettre la soupape en place sinon la cocotte se met à cuire en mode pression, cuisson qui n'a rien à voir avec une cuisson à la vapeur.

Le cuit-vapeur traditionnel

C'est un appareil très simple et économique. On le pose, avec un fond d'eau, sur le feu de la cuisinière et il fonctionne ensuite comme un cuit-vapeur électrique.

Le four à micro-ondes fonction vapeur

Il existe aujourd'hui des fours à micro-ondes multi-cuissons qui, en plus des fonctions « décongélation » ou « gril », proposent un accessoire permettant de cuire à la vapeur. Ces appareils sont encore très coûteux mais fonctionnent très bien. Ils permettent de régler très précisément les temps de cuisson.

Avec les moyens du bord

Si vous n'avez aucun de ces appareils chez vous, vous pouvez improviser un cuit-vapeur assez facilement. Mettez un fond d'eau dans une casserole, déposez les aliments dans une passoire, placez la passoire dans la casserole en prenant garde que les aliments ne touchent pas l'eau, mettez le couvercle puis portez à ébullition.

Les intérêts nutritionnels de la cuisson à la vapeur

La cuisson à la vapeur est la plus saine cuisson qui soit, à condition d'éviter que la température soit trop élevée ou que les aliments touchent l'eau de cuisson. Il faut démarrer la cuisson à feu vif puis, dès que l'eau bout, poursuivre à feu plus doux (quand c'est possible) pour générer de la vapeur sans chauffer inutilement l'enceinte de cuisson. Il existe d'ailleurs des appareils vendus sur Internet qui permettent de cuire à la vapeur sans dépasser 95 °C et qui évitent à l'eau condensée de « lessiver » les légumes et d'en appauvrir la valeur nutritionnelle.

Les légumes

Cuits à la vapeur, les légumes conservent mieux leurs vitamines et leurs sels minéraux (et même une partie de la vitamine C si sensible à la chaleur). La chaleur est le principal ennemi des vitamines. Plus elle est intense et prolongée, plus la destruction est importante : elle peut aller jusqu'à 95 % pour les vitamines les plus fragiles (C et B1 par exemple). La cuisson à l'eau est « pire » encore, puisqu'elle ajoute à la destruction par la chaleur, la dissolution des vitamines dans l'eau... que l'on jette en égouttant les légumes. Idéalement, il faut cuire les légumes à la vapeur sans les émincer trop finement et sans les éplucher.

Les viandes

La cuisson à la vapeur présente un intérêt principal, celui de faire fondre les graisses des viandes qui tombent au fond du cuit-vapeur et qui, ainsi, les allègent considérablement. Cette remarque est valable pour les volailles, le veau, le porc. De plus, cette cuisson est dite « douce » car elle ne se déroule jamais à une température supérieure à 100 °C. Les temps de cuisson peuvent ainsi en être un peu rallongés (par rapport au four, par exemple) mais la viande n'est pas saisie et garde tous ses arômes... bons et mauvais. Il faut donc ne cuisiner à la vapeur que des viandes de très bonne qualité.

Les poissons

La vapeur est un mode de cuisson particulièrement bien adapté aux poissons, à l'exception notable des poissons gras (thon, sardines, maquereaux).
La chair des poissons « blancs » est très fragile et sensible à la température.
La vapeur, ne dépassant pas 100 °C, permet de la cuire sans trop la dénaturer. Il faut juste penser à bien assaisonner sinon la saveur peut parfois paraître un peu fade. Le mieux étant encore de faire mariner les poissons dans des mélanges d'épices et d'aromates avant de les faire cuire. Pensez aussi et toujours à la fraîcheur : la cuisson à la vapeur met en valeur la saveur des aliments, bonne... ou mauvaise, alors soyez très exigeant sur la qualité !

À garder sous le coude

s'en sortir sans balance

→Ce tableau vous donne les principales équivalences poids et volumes pour les ingrédients les plus courants.

Ingrédients	1 cuil. à café	1 cuil. à soupe	1 verre à moutarde
Beurre	7 g	20 g	–
Cacao en poudre	5 g	10 g	90 g
Crème épaisse	1,5 cl	4 cl	20 cl
Crème liquide	0,7 cl	2 cl	20 cl
Farine	3 g	10 g	100 g
Gruyère râpé	4 g	12 g	65 g
Liquides divers (eau, huile, vinaigre, alcool)	0,7 cl	2 cl	20 cl
Maïzena	3 g	10 g	100 g
Poudre d'amandes	6 g	15 g	75 g
Raisins secs	8 g	30 g	110 g
Riz	7 g	20 g	150 g
Sel	5 g	15 g	–
Semoule, couscous	5 g	15 g	150 g
Sucre en poudre	5 g	15 g	150 g
Sucre glace	3 g	10 g	110 g

Mesurer vos liquides

1 verre à liqueur = 3 cl

1 tasse à café = 8 à 10 cl

1 verre à moutarde = 20 cl

1 bol = 35 cl

Pour info

1 œuf = 50 g

1 noisette de beurre = 5 g

1 noix de beurre = 15 à 20 g

bien régler son four

→ Pas facile de connaître la température dans un four ! Voici une table très simple à utiliser et valable pour la plupart des appareils vendus dans le commerce.

Température (°C)	30	60	90	120	150	180	210	240	270
Thermostat	1	2	3	4	5	6	7	8	9

→ Les temps de cuisson donnés dans les recettes peuvent varier légèrement selon les types d'appareils. En effet, dans un four à chaleur tournante, les plats cuisent de manière plus homogène et plus vite que dans les fours qui chauffent à partir d'une source (four à gaz, four électrique).

Rappelez-vous aussi que pour réaliser une bonne cuisson, un préchauffage est toujours nécessaire.

les indispensables en cuisine

→ Pour cuisiner entre potes ou pour des popotes sans souci, il faut avoir sous la main quelques produits tout simples, faciles à trouver.
Voici une petite liste de « basiques », grâce auxquels vous pourrez faire la grande majorité des recettes de cette collection.

Dans le placard

Épices

- Cannelle
- Coriandre
- Cumin
- Curry
- Gingembre
- Herbes de Provence
- Mélange quatre-épices
- Noix de muscade
- Paprika
- Poivre du moulin et concassé
- Thym
- Vanille en gousse

Liquides

- Huiles de tournesol, d'olive, de sésame et de noix
- Rhum (pour la pâtisserie)
- Vinaigres de vin, blanc, balsamique et de xérès
- Vin rouge et blanc sec

Condiments

- Moutarde forte et à l'ancienne
- Moutardes parfumées (à l'estragon, au poivre vert)
- Sauce *pesto*
- Sauce soja
- Sel fin et gros sel
- Tabasco
- Tapenade d'olives noires

Et aussi

- Amandes effilées
- Anchois, thon et sardines à l'huile d'olive
- Bouillon cube
- Câpres
- Chocolat à cuire et chocolat en poudre
- Cornichons
- Farine
- Fruits secs (amandes, raisins, pignons, noisettes, abricots, figues)
- Lait de coco
- Levure chimique
- Maïzena
- Miel
- Olives en boîte
- Pâtes de toutes formes
- Poudre de noisettes et poudre d'amandes
- Riz rond et riz parfumé
- Semoule
- Sucre en poudre, sucre glace et sucre vanillé
- Tomates en boîte, concentrées et séchées en bocal

Dans le réfrigérateur

Légumes

- Ail
- Carottes
- Citrons
- Échalotes
- Oignons
- Pommes de terre
- Tomates

Laitages et œufs

- Beurre
- Crème liquide
- Fromage frais
- Lait
- Œufs
- Parmesan

Et aussi

- Feuilles de brick
- Pâtes à tarte (brisée, sablée, feuilletée)

Dans le congélateur

Herbes et épices hachées

- Aneth
- Basilic
- Ciboulette
- Coriandre
- Gingembre haché
- Persil

Légumes

- Champignons de Paris
- Épinards
- Petits pois
- Tiges de citronnelle

Et aussi

- Pâtes à tarte (brisée, sablée, feuilletée)

avoir le bon matériel

→Pas besoin de grand-chose pour faire de grandes recettes !
Voici une petite liste d'ustensiles à avoir dans la cuisine.

Cuire

- Casseroles (une grande et une petite)
- Moules à tarte et à pâtisserie
- Marmite en fonte
- Plaque à rôtir
- Poêles à fond antiadhésif (une grande et une petite)
- Wok (éventuellement)

Couper

- Aiguiseur à couteaux
- Couteau économe
- Gros couteau dit « éminceur »
- Petit couteau
- Petite planche à découper en plastique

Mélanger

- Saladiers
- Cuillères en bois
- Fouet
- Spatules

Divers

- Batteur électrique
- Essoreuse à salade
- Ficelle de cuisine
- Mixeur
- Passoires (une fine, une plus grosse), ou chinois
- Rouleau à pâtisserie
- Verre-doseur

Table des recettes

Retrouvez en couleur les « recettes pour épater ».

AUBERGINES ET POIVRONS MARINÉS À LA VAPEUR ... **69**
AUBERGINES TIGRÉES AU CITRON VERT, FENOUIL ET PAMPLEMOUSSE ... **13**

BACALHAU À L'AIL, PIMENT, HUILE D'OLIVE ET ROQUETTE ... **82**
BAR À LA VAPEUR D'ALGUES ET GROS SEL ... **80**
BETTERAVE VAPEUR « MAISON » ... **71**
BOUCHÉES DE POULET VAPEUR À LA PROVENÇALE ... **40**
BOULETTES DE RIZ GLUANT AUX FRUITS CONFITS ... **105**
BRIOCHES VAPEUR AU PAVOT ... **102**
BROCOLIS ET FILETS DE DINDE AU VINAIGRE BALSAMIQUE ... **48**

CABILLAUD PANÉ À LA CIBOULETTE ... **77**
CABILLAUD VAPEUR MAÎTRE D'HÔTEL ... **95**
CAROTTES VAPEUR À L'AIL, MIEL ET ÉPICES ... **66**
CHAMPIGNONS EN PERSILLADE À LA VAPEUR ... **15**
CHOU VERT FROID AU SÉSAME ET VINAIGRE BALSAMIQUE ... **63**
COLIN FROID VAPEUR À L'AÏOLI ... **75**
COURGETTES VAPEUR, VINAIGRETTE MIEL-CIBOULETTE ET GROS SEL ... **10**
CUISSES DE LAPIN VAPEUR À LA THAÏLANDAISE ... **37**
CUISSES DE PINTADE FARCIES AU *PESTO* À LA VAPEUR ... **29**

DAURADE VAPEUR AU SERRANO ... **79**
DAURADE, ROUGAIL DE TOMATES ... **97**
DINDE AU LAIT DE COCO ET ANANAS ... **47**

FILETS DE PINTADE, *SHIITAKÉS*, CHAMPIGNONS DE PARIS ET AIL ... **32**
FILETS DE POULET SAUCE GINGEMBRE ... **24**
FLAN AU LAIT DE COCO ... **107**
FLAN VAPEUR AUX MOULES ET AUX CREVETTES ... **20**
FONDS D'ARTICHAUTS VAPEUR, TOMATES ET ANCHOIS ... **60**

JULIENNE À LA VAPEUR ET PISTOU ... **72**
JULIENNE AU THYM, ROMARIN ET TOMATES-CERISES ... **88**

LAPIN À L'ORIENTALE À LA VAPEUR ... **34**
LIMANDE VAPEUR, POIVRE ET SEL ... **100**

MERLAN AU CURRY ET GRAINES DE SÉSAME **93**

PAPILLOTES DE PÊCHE À LA MENTHE **109**
PAVÉS DE SAUMON POIVRÉS AUX FENOUILS ÉMINCÉS **86**
PETITS PÂTÉS DE CREVETTES ET CALAMAR À LA VAPEUR **17**
PILONS DE POULET MARINÉS, PIMENT, RHUM ET CITRON VERT À LA VAPEUR **42**
PINTADE EN HABIT VERT À L'ESTRAGON **31**
POMMES DE TERRE VAPEUR ET SAUCES **58**
POULET INDIEN À LA VAPEUR **27**
POULET VAPEUR « TRUFFÉ » AUX HERBES **51**

RASCASSE VAPEUR À LA ROUILLE **99**
RIZ GLUANT **56**
ROULÉS DE POULET AUX ÉPINARDS ET MOZZARELLA **45**

SALADE DE FENOUIL, FIGUES AU VINAIGRE DE XÉRÈS, GINGEMBRE ET SERRANO **23**
SAUMON, ANETH, ENDIVES ET CITRON VERT **90**
SEMOULE **55**
SHIITAKÉS FROIDS **64**
SPAGHETTI SQUASH À L'HUILE D'OLIVE ET AU CUMIN **53**

TOFU VAPEUR À LA CORIANDRE **18**
TRUITE VAPEUR AUX TOMATES CONFITES **85**

VEAU HACHÉ VAPEUR AUX HERBES ET TOMATES CONFITES **38**

Table des matières

ENTRÉES

COURGETTES VAPEUR, VINAIGRETTE MIEL-CIBOULETTE ET GROS SEL **10**
AUBERGINES TIGRÉES AU CITRON VERT, FENOUIL ET PAMPLEMOUSSE **13**
CHAMPIGNONS EN PERSILLADE À LA VAPEUR **15**
PETITS PÂTÉS DE CREVETTES ET CALAMAR À LA VAPEUR **17**
TOFU VAPEUR À LA CORIANDRE **18**
FLAN VAPEUR AUX MOULES ET AUX CREVETTES **20**
SALADE DE FENOUIL, FIGUES AU VINAIGRE DE XÉRÈS, GINGEMBRE ET SERRANO **23**

VIANDES

FILETS DE POULET SAUCE GINGEMBRE **24**
POULET INDIEN À LA VAPEUR **27**
CUISSES DE PINTADE FARCIES AU *PESTO* À LA VAPEUR **29**
PINTADE EN HABIT VERT À L'ESTRAGON **31**
FILETS DE PINTADE, *SHIITAKÉS*, CHAMPIGNONS DE PARIS ET AIL **32**
LAPIN À L'ORIENTALE À LA VAPEUR **34**
CUISSES DE LAPIN VAPEUR À LA THAÏLANDAISE **37**
VEAU HACHÉ VAPEUR AUX HERBES ET TOMATES CONFITES **38**
BOUCHÉES DE POULET VAPEUR À LA PROVENÇALE **40**
PILONS DE POULET MARINÉS, PIMENT, RHUM ET CITRON VERT À LA VAPEUR **42**
ROULÉS DE POULET AUX ÉPINARDS ET MOZZARELLA **45**
DINDE AU LAIT DE COCO ET ANANAS **47**
BROCOLIS ET FILETS DE DINDE AU VINAIGRE BALSAMIQUE **48**
POULET VAPEUR « TRUFFÉ » AUX HERBES **51**

LÉGUMES ET ACCOMPAGNEMENTS

SPAGHETTI SQUASH À L'HUILE D'OLIVE ET AU CUMIN **53**
SEMOULE **55**
RIZ GLUANT **56**
POMMES DE TERRE VAPEUR ET SAUCES **58**
FONDS D'ARTICHAUTS VAPEUR, TOMATES ET ANCHOIS **60**
CHOU VERT FROID AU SÉSAME ET VINAIGRE BALSAMIQUE **63**
SHIITAKÉS FROIDS **64**
CAROTTES VAPEUR À L'AIL, MIEL ET ÉPICES **66**
AUBERGINES ET POIVRONS MARINÉS À LA VAPEUR **69**
BETTERAVE VAPEUR « MAISON » **71**

POISSONS

JULIENNE À LA VAPEUR ET PISTOU **72**
COLIN FROID VAPEUR À L'AÏOLI **75**

CABILLAUD PANÉ À LA CIBOULETTE 77
DAURADE VAPEUR AU SERRANO 79
BAR À LA VAPEUR D'ALGUES ET GROS SEL 80
BACALHAU À L'AIL, PIMENT, HUILE D'OLIVE ET ROQUETTE 82
TRUITE VAPEUR AUX TOMATES CONFITES 85
PAVÉS DE SAUMON POIVRÉS AUX FENOUILS ÉMINCÉS 86
JULIENNE AU THYM, ROMARIN ET TOMATES-CERISES 88
SAUMON, ANETH, ENDIVES ET CITRON VERT 90
MERLAN AU CURRY ET GRAINES DE SÉSAME 93
CABILLAUD VAPEUR MAÎTRE D'HÔTEL 95
DAURADE, ROUGAIL DE TOMATES 97
RASCASSE VAPEUR À LA ROUILLE 99
LIMANDE VAPEUR, POIVRE ET SEL 100

DESSERTS
BRIOCHES VAPEUR AU PAVOT 102
BOULETTES DE RIZ GLUANT AUX FRUITS CONFITS 105
FLAN AU LAIT DE COCO 107
PAPILLOTES DE PÊCHE À LA MENTHE 109

JE VEUX EN SAVOIR PLUS !
FAIRE UN BALUCHON POUR CUIRE LE RIZ GLUANT OU LA SEMOULE 112
CUIRE À LA VAPEUR DANS UNE ASSIETTE 112
LES DIFFÉRENTS APPAREILS POUR CUIRE À LA VAPEUR 116
LES INTÉRÊTS NUTRITIONNELS DE LA CUISSON À LA VAPEUR 117

À GARDER SOUS LE COUDE
S'EN SORTIR SANS BALANCE 118
BIEN RÉGLER SON FOUR 119
LES INDISPENSABLES EN CUISINE 119
AVOIR LE BON MATÉRIEL 121

TABLE DES RECETTES 122

Ma recette qui dépote...

PUBLI-COMMUNIQUÉ

> Les ingrédients du confort DolceVita

- Une cuisson savoureuse
- Une chaleur douce et enveloppante
- Une eau toujours chaude

DolceVita, la recette de votre bien-être !

Des petits plats savoureux et moelleux à souhait, une chaleur douce conjuguée à un air sain, une eau chaude abondante et à température constante… Avec DolceVita de Gaz de France, profitez chaque jour des plaisirs et du confort de vie de votre maison.

> Le conseil de DolceVita

Faites des économies d'énergie !

Pour limiter le temps de chauffage et faire des économies d'énergie, mettez un couvercle sur vos casseroles. Pensez aussi à adapter vos récipients à la taille des brûleurs pour éviter de chauffer inutilement !

Cuisson : choisissez la simplicité

- Une cuisson sur mesure : souple et modulable, intense et sûre, **la flamme vous obéit instantanément**. Vous pouvez saisir en toute puissance, mijoter délicatement, cuire moelleusement…
- **Le + santé :** les aliments cuits au gaz naturel conservent toutes leurs saveurs et leurs qualités nutritionnelles !
- Des matériels innovants : équipez-vous de **brûleurs spécifiques** comme le brûleur wok pour réussir les recettes exotiques ou les confitures, le mijotop pour les préparations délicates, les poissonnières pour une cuisson uniforme des poissons ou des grands morceaux de viande…

Chauffage : privilégiez le confort

- DolceVita, c'est votre bien-être au quotidien : un chauffage sur mesure, des **équipements fiables, performants et économes en énergie** et une chaleur enveloppante.
- **Le + santé :** un chauffage au gaz naturel vous assure une chaleur douce et homogène, préservant la qualité de l'air que vous respirez.

Eau chaude : profitez d'une température et d'un débit constants

- Avec DolceVita, vous disposez **d'une eau chaude toujours disponible** et à la bonne température. Vous pouvez compléter votre installation d'un **chauffe-eau solaire** : vous consommez alors une énergie gratuite, celle du soleil !

POUR EN SAVOIR PLUS SUR DOLCEVITA DE GAZ DE FRANCE
Appelez votre Conseiller Gaz de France au :
0 810 800 801 *(Prix d'un appel local depuis un poste fixe)*
ou connectez-vous sur le site : **www.gazdefrance.fr**

Gaz de France
Dolcevita

Remerciements

Merci à Ivana Lundt, future grand(e) chef, pour tous ses conseils, ses trucs et ses délicieuses recettes, surtout celle du foie gras poêlé juste avant le train.
À ne pas oublier : quand c'est noir, c'est cuit !

Stéphan Lagorce

Pour Sabine Depreux, des recettes, des trucs, des conseils et un peu de vapeur dans un monde de brutes ! À faire avec Louise et Alice.

Rina & Lissa

Toutes les photos de reportage ont été réalisées par Philippe Vaurès-Santamaria.

Direction, Jean-François Moruzzi et Pierre-Jean Furet
Responsable éditoriale, Brigitte Éveno
Conception graphique, Dune Lunel
Réalisation, Les PAOistes
Préparation de copie et corrections, Charlotte Müller
Fabrication, Amélie Latsch
Partenariats, Sophie Augereau (01 43 92 36 82)

L'éditeur remercie Stéphane Mouren pour son aide précieuse et ses relectures attentives.

Imprimé en Espagne par Graficas Estella - dépôt légal : mai 2008
ISBN : 978-2-01-23-7439-3 • 23-01-7439-01-5